AF272435

Sofia Hassiotaki

Charisma für Seltsame

Sofia Hassiotaki

Charisma für Seltsame

Ein Handbuch für soziale Exoten

Bibliografische Information der Deutschen Nationalbibliothek: Die Deutsche Nationalbibliothek verzeichnet diese Publikation in der Deutschen Nationalbibliografie; detaillierte bibliografische Daten sind im Internet über http://dnb.dnb.de abrufbar.

Satz & Gestaltung: Sofia Hassiotaki (Layout mit Canva)

Verlag: BoD · Books on Demand GmbH, Überseering 33, 22297 Hamburg, bod@bod.de

Druck: Libri Plureos GmbH, Friedensallee 273, 22763 Hamburg

ISBN: 978-3-8192-1012-9

Für alle, die mich komisch genannt haben: Danke!
Es hat mir geholfen, nicht so langweilig zu werden wir ihr.

Warum du dich gleich weniger einsam fühlen wirst

„Menschen, die immer daran denken,
was andere von ihnen halten,
wären sehr überrascht, wenn sie wüssten,
wie wenig die anderen über sie nachdenken.“

– Bertrand Russel

„Viele Grüße, Sofa"

So habe ich eine E-Mail unterschrieben, in der ich mich um eine Stelle beworben habe. Ja, sowas kann passieren, aber warum immer mir? Es ist ja nicht so, dass sowas zum ersten Mal vorkommt. Erst ein paar Wochen zuvor hatte ich eine E-Mail an eine Maria mit „Hallo Sofia" begonnen, also mit meinem eigenen Namen. Wie selbstverliebt ist das denn?

Dabei trifft genau das Gegenteil zu: Ich bin mein größter Kritiker. *Warum bist du nur so? Kannst du nicht einfach mal normal sein? Was stimmt nicht mit dir?* Das sind Fragen, die mich ein Leben lang begleiteten, vor allem in sozialen Situationen. Während ich anderen predigte, sie sollten sie selbst sein, versuchte ich krampfhaft, mich anzupassen und scheiterte dabei kläglich. Aber was bedeutet denn überhaupt sich anpassen? Was heißt denn normal sein? Die Etymologie[1] sagt dazu folgendes:

normal Adj. 'der Norm entsprechend, vorschriftsmäßig, gewöhnlich, allgemein üblich, durchschnittlich, […]'
Norm f. 'Regel, Richtschnur, Maßstab, […]'

Normal ist also, was sich die Allgemeinheit als das Übliche und Richtige vorstellt. Aber was ist denn das Übliche und Richtige im sozialen Umgang? Als soziale Normen gelten in Gruppen und in der Gesellschaft meist ungeschriebene anerkannte, positiv bewertete Verhaltensmuster; Werte, Gebote und Verbote, die sich in den normativen Erwartungen anderer Personen ausdrücken und deren Befolgung oder Verletzung positiv bzw. negativ sanktioniert wird[2]. Also ich kann mich nicht daran erinnern, dass mir sowas jemals beigebracht wurde. Außer natürlich:

- Man sagt Bitte und Danke.
- Man fällt anderen nicht ins Wort.
- Man schaut jemanden an, wenn man mit ihm spricht.
- Man lacht andere nicht aus oder zeigt mit dem Finger auf sie.

---

[1] Quelle: https://www.dwds.de/wb/normal
[2] https://www.spektrum.de/lexikon/psychologie/soziale-normen/

Und so weiter und so fort. Aber was ist mit den wirklich wichtigen Fragen?

- Wie viele Witze sind zu viele?
- Wie viele Fragen sind zu viele?
- Wann sagt man besser nichts?
- Wann gehört man dazu?
- Wie merkt man, dass man nervt?
- Wie spricht man Menschen an?

Da wird einem jahrelang eingetrichtert „Sprich nicht mit Fremden" und dann bist du auf einmal erwachsen und Überraschung, du musst fast nur noch mit Fremden sprechen. Aber immerhin kann ich eines der auswendig gelernten Gedichte aus dem Deutschunterricht vortragen, falls ich mal doch mit jemandem ins Gespräch komme.

Die Wahrheit ist, niemand erklärt dir die Regeln, aber alle tun so, als hätten sie sie verstanden. Und weil niemand darüber redet, verbringen wir den Großteil unseres Lebens damit, darüber nachzudenken, was andere über uns denken.

Genau darum geht's in diesem Buch: um all die sozialen Momente, in denen wir uns unbeholfen fühlen, rot werden, zu viel denken, zu wenig sagen oder ganz plötzlich „Ebenfalls" zum Kellner sagen, der uns einen guten Appetit wünscht. (True Story.)

Warum dieses Buch

Soziale Unsicherheit ist weitverbreitet. Laut einer Umfrage von Deutschlandfunk Nova bezeichnen sich rund 40 % der Deutschen als schüchtern oder gelegentlich sozial unsicher. Und trotzdem tun wir so, als wären das Einzelfälle – ein persönliches Defizit, das man möglichst ‚in den Griff kriegen‘ sollte.

Ich finde: Wir sollten ehrlicher, authentischer und seltsamer bleiben (oder werden). Denn wir dürfen nicht vergessen, dass heute negativ konnotierte Begriffe ursprünglich eine andere Ausgangsbedeutung hatten. ‚Selten‘ bedeutete ursprünglich ‚selten zu sehen‘ abgeleitet vom althochdeutschen *seltsāni*, also ‚wunderbar, kostbar, ungewöhnlich, fremd‘[3]. Zerlegt man ‚merkwürdig‘ in seine einzelnen Bestandteile, erhält man die Wörter ‚merken‘ und ‚würdig‘. Jemand Merkwürdiges ist also buchstäblich des Merkens würdig. Ähnliches trifft auf die Wörter ‚sonderbar‘, ‚eigenartig‘ und ‚komisch‘ zu.

Ich bin keine Psychologin, kein Coach, kein ‚Alpha-irgendwas‘, aber ich bin jemand, der früher dachte, man müsste sich entscheiden: zwischen man selbst sein oder dazugehören. Heute weiß ich: Man kann sonderbar sein und trotzdem charmant – vielleicht gerade deswegen. Man kann überfordert sein und trotzdem souverän wirken. Man kann Charisma lernen, Smalltalk meistern und sich in Gruppen bewegen, ohne sich selbst zu verlieren.

Für wen ist dieses Buch

Für alle, die sich bei Gruppenübungen verstecken wollen – okay, die mag wirklich keiner. Für alle, die peinliche Momente nicht loslassen können und die im eigenen Kopfkino Dauergast sind. Für alle, die nicht wissen, wohin mit ihren Händen beim Reden und die sich in sozialen Situationen fühlen, als würde man sie unangekündigt bei einem Improvisationstheater

---

[3] https://www.dwds.de/

auf die Bühne holen. Dieses Buch ist für dich. Und für mich. Und für alle, die zwar den Satz des Pythagoras und genug chemische Formeln gelernt haben, aber etwas ganz Elementares nicht: **Kontaktfähigkeit**. Egal ob du dich als sozial unbeholfen, emotional überkomplex, chronisch seltsam oder einfach nur ‚anders‘ empfindest: Willkommen.

Was erwartet dich

Kein „Geh doch einfach mal mehr raus". Kein ‚So-wirst-du-beliebt-in-drei-Tagen‘-Blabla. Falls du das doch schaffst, gib mir bitte Bescheid. Ich muss wissen, wie das geht. Stattdessen findest du hier echte Anekdoten, wissenschaftlich gestützte Erkenntnisse und sehr viel Cringe, durch den du dich nicht mehr allein fühlen musst. Ich gebe dir Werkzeuge (also metaphorisch): Tipps, Mini-Challenges und vielleicht auch ein bisschen mehr Selbstfreundlichkeit.

Eine Sache ist mir besonders wichtig: Dieses Buch ist keine Anleitung zur Selbstkorrektur oder ein Beitrag zur ‚Optimier-Dich-Selbst-Industrie‘. Ich habe lange genug gehört, dass ich mich anpassen muss, weil ich „zu irgendwas" bin. Genau das möchte ich hier nicht weitergeben. Niemand muss sich ändern. Du sollst so bleiben, wie du bist und trotzdem neugierig sein, was noch möglich ist. Wenn du mehr aus dir herauskommen willst oder Anschluss suchst, dann nicht, weil mit dir etwas nicht stimmt, sondern weil du es dir leichter machen darfst.

Wie liest man dieses Buch

Ganz. Oder gar nicht. Oder durcheinander. Du kannst von vorne nach hinten lesen oder wild durchspringen. Du kannst nur die Challenges machen oder einfach die peinlichsten Anekdoten suchen. Du kannst es verschenken oder heimlich lesen. Es geht alles, solange du dich darauf einlässt, dass ‚seltsam‘ kein Makel ist, sondern dein persönliches Feature. Was du nicht kannst: das Buch zurückgeben. Sorry. Aber hey, Hass ist auch Werbung. Erzähl weiter, wie schlimm es war.

Kleines Wörterbuch des Seltsamseins

Awkward • *okward* (= unangenehm, unbeholfen, heikel): Beschreibt Situationen, die sozial unbehaglich sind, Personen, die unbeholfen sind oder Dinge, die unangenehm zu handhaben sind (z. B. ein befreundetes Paar fängt an zu streiten und du sitzt still daneben).

Awkward Silence (= betretenes Schweigen): Der Moment, wenn plötzlich Stille eintritt, und alle spüren sie.
Beispiel: Du hältst jemanden für schwanger, der gar nicht schwanger ist.

Charisma (= Gnadengabe): Fähigkeit, andere Menschen durch eine besondere Ausstrahlung und Persönlichkeit zu begeistern und anzuziehen. Das gewisse Etwas, bei dem du nicht erklären kannst, warum du jemanden magst, aber du tust es.

Cringe • *krindsch* (= peinlich): Das kleine (oder große) Ziehen im Bauch:
- Wenn du jemandem eine Umarmung anbietest, während er dir die Hand geben wollte.
- Wenn du eine Sprachnachricht aufnimmst und dich selbst reden hörst.
- Wenn du jemandem zurück winkst und merkst, dass er jemand anderen meint.

Graceful Exit (= eleganter Abgang): Ein Gespräch oder eine peinliche Situation so verlassen, dass es trotzdem nett bleibt.
(Profis beherrschen den ‚Ich-geh-noch-eben-auf-die-Toilette-und-bin-dann-wie-von-Zauberhand-weg'-Move.)

Smalltalk (= leichte Unterhaltung): Oder Kleinsprech, wie ich es gerne nenne. Gespräche über das Wetter, in denen alle höflich tun, als wäre die Luftfeuchtigkeit das spannendste Thema der Welt. (Kann man lernen, muss man nicht lieben.)

Social Skills (= soziale Kompetenz): Klingt nach etwas, das man in den Lebenslauf schreibt, aber eigentlich sind sie das, was dein Leben angenehmer macht – wenn du sie hast – und manchmal komplizierter, wenn du sie nicht hast.

Social Skills sind das, worauf wir fast alles im Leben bauen: Begegnung, Verbindung, Kommunikation.

Also: Smalltalk führen, Körpersprache lesen und einsetzen, Grenzen setzen, Gespräche beenden, Menschen treffen.

Weird • *wiead* (= sonderbar, eigenartig): Etwas, das ungewöhnlich ist oder vom Alltäglichen abweicht, oft auch im Sinne von schräg, verrückt oder abgedreht.

Es ist meistens positiv gemeint und kein abwertender Begriff, also im Sinne von charmant anders, ein bisschen schräg, aber echt, nicht „komisch", sondern „unverwechselbar".

Quasi: limitierte Edition.

WTF (= What the fuck): Wörtlich übersetzt ein schönes „Was zum Fick", aber in professionell heißt das „Was zur Hölle passiert hier gerade?"

Erlaubt als Reaktion auf peinliche, absurde oder einfach völlig unerklärliche Momente.

Zugehörigkeit (= grundlegendes menschliches Bedürfnis): Das Gefühl Teil einer Gruppe oder Gemeinschaft zu sein und akzeptiert zu werden, ohne sich verstellen zu müssen.

Nicht: in eine Form gepresst werden.

Sondern: mit allen Ecken und Kanten willkommen sein

Hinweis: Dieses Wörterbuch ist unvollständig – genau wie die meisten von uns – und das ist völlig okay.

Noch eine letzte Sache

Lange Zeit habe ich zwei sehr unterschiedliche Rückmeldungen bekommen. Auf der einen Seite: Ich müsse mich anpassen. Auf der anderen: Ich könne gut mit Menschen. Dieser Widerspruch hat mich lange verunsichert, doch genau daraus ist dieses Buch entstanden.

Psychologische Forschung haben gezeigt, dass es messbar mehr mentale Energie kostet, ein Verhalten aufrechtzuerhalten, das nicht mit dem eigenen Selbst übereinstimmt, weil unser Gehirn zusätzlich steuern, überwachen und regulieren muss (Baumeister et al., 1989; Zelenski et al., 2012). Irgendwann wurde mir klar: Wenn so viel Energie dafür draufgeht, „richtig" zu wirken, fehlt sie an anderer Stelle.

Ich komme aus Griechenland, aus einer Kultur, in der viele Menschen in kleinen, christlich geprägten Dörfern leben. Dort spielt es eine große Rolle, was andere über einen denken könnten. Diese ständige soziale Selbstkontrolle ist unglaublich anstrengend. Ich habe dort schon Menschen darüber reden hören, wie schnell jemand sein Eis isst oder warum jemand allein irgendwo sitzt und ein Buch liest. All das hat mir gezeigt: Das Problem ist nicht, wie wir sind, sondern was wir glauben, daraus machen zu müssen. Du musst gar nichts, aber du darfst, wenn du willst.

Dieses Buch richtet sich an alle, die sich manchmal fremd fühlen – im Raum, in Gesprächen oder in sich selbst. Wenn du neurodivergent bist, können manche Tipps bei dir anders wirken – nimm dir, was für dich passt und ignorier den Rest. Ich will dir keine Anleitung geben, wie man „normal" wird, sondern einen roten Teppich ausrollen. Für den Weg durchs Soziale: Mit Stolperstellen, aber auch mit Spaß.

♥ *Let's get weird. Let's WTF together*

Deine
Sofia Hassiotaki – seltsam, aber engagiert

Kapitel-Skills: Selbstständigkeit & Selbstsicherheit

Niemand da und trotzdem Hauptrolle

„Allein sein zu müssen, ist das Schwerste,
allein sein zu können das Schönste."

– Hans Krailsheimer

Allein ins Kino? Allein essen gehen? Allein auf ein Konzert? Klingt für viele nach „peinlich", „traurig" oder – mein Favorit – „hoffentlich sieht keiner, dass ich allein hier bin". Aber weißt du, was es wirklich ist? Nicht peinlich, nicht traurig, sondern: **Freiheit.** Denn in einer Welt, die dir permanent einredet, dass du immer erreichbar, verabredet und sozial (kompatibel) sein musst, ist das Alleinsein fast schon ein Akt der Rebellion. Kein Smalltalk, kein Kompromiss, kein „Was willst du machen?", nur du, dein Tempo und deine Entscheidung. Und ja, manchmal auch: du und deine lauten Gedanken. Aber hey, besser als schlechte Gesellschaft, oder?

Aristoteles sagte einmal: „In der Einsamkeit entdeckst du, wer du wirklich bist." Wer lernt, gern allein zu sein, gewinnt. Und zwar nicht nur an Ruhe, sondern auch an Selbstvertrauen, Klarheit und dem sehr befriedigenden Gefühl, beim Kinoabend sein Popcorn nicht teilen zu müssen.

Du bist nicht allein, du bist *mit dir* und das ist ziemlich fantastisch. Denn du bist nicht nur deine eigene Gesellschaft, du bist die *beste Gesellschaft*, die du hast. Allein, aber nicht einsam! Und weißt du, was noch fantastisch ist? Menschen spüren das. Menschen mögen Menschen, die sich nicht ständig Bestätigung von außen holen müssen. Die kein Drama brauchen, um sich lebendig zu fühlen. Die Stille aushalten können, ohne sich dabei selbst infrage zu stellen.

Alleinsein ist nicht nur Selbstliebe, es ist die **Grundvoraussetzung für Charisma.** Denn, wenn du mit dir selbst klarkommst, musst du dich nicht verstellen und genau das macht dich interessant.

Warum du dich selbst daten musst

Alle reden von **Selbstliebe,** aber kaum jemand sagt dir, was das praktisch heißt. Also hier kommt's: Bevor du irgendwas von der Welt willst, hör auf, dich selbst wie die zweite Wahl zu behandeln. Wer sich selbst nicht ernst nimmt, wird überall nach Bestätigung suchen. Wer sich selbst nie zuhört, wird sich in jeder Runde übergangen fühlen.

Bevor du erwarten kannst, dass andere dir geben, was du brauchst, wäre es vielleicht gut, wenn du selbst erstmal weißt, was das überhaupt ist. Du willst Respekt, Klarheit und Fürsorge? Dann fang bei der einzigen Person an, auf die du wirklich Einfluss hast: Dir. (Ja, das ist der unangenehme Teil.)

Geh mit dir selbst essen. (Pro-Tipp: Tu so, als wärst du ein Restaurantkritiker – Bonuspunkte für ein Notizbuch.) Mach einen Solo-Spaziergang mit Kaffee und Podcast. Geh allein aufs Klo und nimm dein Handy nicht mit. (Das war ein Test, denn du solltest bereits ohne Handy aufs Klo gehen!) Frag dich: *Was würdest du mit dir selbst eigentlich gern unternehmen?* Und dann: **Tu das.**

Warum so viel Geniales im Alleinsein entsteht

Viele der Dinge, die wir heute für außergewöhnlich halten, sind nicht durch Austausch entstanden, sondern durch Rückzug. Ein oft zitiertes Beispiel ist Isaac Newton. Als die Universität Cambridge während der Pestjahre 1665/66 schloss, zog er sich aufs Land zurück. Keine Vorlesungen, kein Team, nur ungestörtes Denken. In dieser Zeit entwickelte er zentrale Ideen zur Gravitation, zur Optik und zur Infinitesimalrechnung. Später wurde diese Phase als sein ‚annus mirabilis‘ (Wunderjahr) bezeichnet.

Auch Virginia Woolf wusste, dass Kreativität Raum braucht. Ihr Essay „A Room of One's Own" war eine Forderung nach psychologischer und räumlicher Unabhängigkeit. Für Woolf war Alleinsein kein Rückzug von der Welt, sondern die Voraussetzung dafür, eine eigene Stimme zu entwickeln – unbeeinflusst vom Blick anderer.

Die Grundidee zu ‚Harry Potter‘ kam J.K. Rowling allein, während einer Zugfahrt ohne Handy und Gespräche. Sie hat später mehrfach betont, wie entscheidend diese ungestörte innere Zeit für die Entstehung der Geschichte war.

Und während viele Innovationen mit großen Visionären verbunden werden, entstand ein wesentlicher Teil der frühen Apple-Technologie im stillen Alleingang. Steve Wozniak baute die ersten Apple-Computer größtenteils allein – nachts und aus Neugier. Seine Haltung war klar: Wirklich neue Ideen entstehen oft dann, wenn niemand reinredet.

Was verbindet all diese Beispiele? Zeit ohne Bewertung, Gedanken ohne sofortige Korrektur und ein Raum, in dem man nicht funktionieren muss. Alleinsein ist in diesen Fällen kein Rückzug von Menschen, sondern eine Pause vom sozialen Spiegel. Man muss nicht zwingend allein sein, um kreativ zu sein, aber ohne Alleinsein fehlt vielen Menschen die Voraussetzung, überhaupt klar zu denken.

Dein Solo-Starter-Pack

Ach so, du fragst dich, was du jetzt tun sollst? Here you go: Dein Solo-Starter-Pack. Kein Gelaber, nur Mutproben – inklusive Mantras gegen das Gefühl, dass alle gucken (tun sie eh nicht, sorry Ego).

KINO
👀 **Mission:** Allein einen Film schauen – nicht auf Netflix.

✳ **Mantra:** Die gucken nicht mich, die gucken den Film und falls doch: Glück gehabt, ich sehe fantastisch aus im Kino-Licht.

ESSEN GEHEN
👀 **Mission:** Solo ins Café oder Restaurant – ohne Handy.

✳ **Mantra:** Ich bin nicht allein, ich bin in Begleitung meiner Gedanken und die brauchen heute Pasta.

REISEN
👀 **Mission**: Ein Tagesausflug oder ganz allein wegfahren.

✳ **Mantra:** Keine Kompromisse: Ich bin frei und niemand quatscht mir rein, wenn ich bei schönem Wetter in ein Museum will. Herrlich.

CLUB/PARTY
👀 **Mission:** Die Königsdisziplin. Allein feiern gehen – geh rein, bestell einen Drink, tanz für dich.

✳ **Mantra:** Ich bin absichtlich die mysteriöse Person, die allein gekommen ist, weil ich die Energie mitbringe, nicht suche.

KONZERT

Mission: Musik genießen – Hardcore-Level.

Mantra: Ich bin nicht allein hier, ich bin mit dem Beat und der versteht mich besser als jede Begleitung.

MUSEUM

Mission: Dinge anschauen, die du vielleicht nicht verstehst.

Mantra: Niemand weiß, was die Installation bedeutet, ich bin nur der Einzige, der's ehrlich zugibt.

Bonus: Diktiere eine absurde Interpretation laut ins Handy.

SAUNA / SCHWIMMBAD

Mission: Körper zeigen, Gedanken ausschalten, entspannen.

Mantra: Alle starren mich an? Nope – alle haben mit sich selbst zu tun. Und wenn nicht: sollen sie. Ich bin hier, um zu chillen, nicht um bewertet zu werden.

Der goldene Tipp für jede Solo-Mission:

Tu so, als wärst du absichtlich hier – ganz genau da, wo du sein willst. Die meisten Leute sind so sehr mit sich selbst beschäftigt, dass sie dich nicht mal wahrnehmen. Und wenn doch, dann mit Neugier statt mit Spott.

Menschen bewundern Selbstsicherheit und oft reicht es, sie zu spielen, bis sie echt wird. Du bist nicht einsam, du bist ‚enigmatisch'. (Falls du das googeln musst, das bedeutet sowas wie rätselhaft.) Und falls du dich fragst, ob du dir das alles nur schönredest, here comes the science.

Sofia erklärt's:

Alleinsein fördert Kreativität & Selbstreflexion

Menschen brauchen Rückzugsräume, um Gedanken zu sortieren, Eindrücke zu verarbeiten und neue Ideen entstehen zu lassen. Studien zeigen, dass bewusstes Alleinsein kreatives Denken und Selbstreflexion unterstützt (Long & Averill, 2003).

Alleinsein ist nicht gleich Einsamkeit

Einsamkeit entsteht nicht durch das Alleinsein an sich, sondern durch fehlende Selbstbestimmung. Wer sich bewusst für Zeit mit sich selbst entscheidet, fühlt sich oft weniger einsam als Menschen, die ständig unter Leuten sind, sich dabei aber innerlich verloren fühlen (Burger, 1995).

Solo-Zeit stärkt deine Emotionsregulation

Alleinsein ist auch ein Trainingsraum für Gefühle. Forschung zeigt, dass Menschen – insbesondere Jugendliche – die regelmäßig allein sind, lernen, Emotionen besser wahrzunehmen, einzuordnen und zu regulieren. Wer sich selbst aushält, kann Gefühle verarbeiten, statt sie permanent zu vermeiden oder nach außen zu verlagern (Thomas & Azmitia, 2019).

Wer allein sein kann, ist besser im Miteinander

Paradoxerweise verbessert die Fähigkeit, allein zu sein, auch unsere Beziehungen. Eine stabile Beziehung zu sich selbst geht mit sichereren, klareren und empathischeren Beziehungen zu anderen einher. Menschen, die ihre eigenen Bedürfnisse kennen und regulieren können, müssen weniger kompensieren, klammern oder sich verstellen und sind genau deshalb verbindungsfähiger (Coplan et al., 2021).

Let's get weird: Deine Solo-Challenge

Die Forschung ist überzeugt, aber bist du's auch? Zeit, deine Solo-Skills zu testen.

Wähle eine Challenge:

1. Allein Kaffee trinken gehen und NICHT aufs Handy schauen.
2. Eine Ausstellung besuchen und am Ende drei Dinge aufschreiben, die du wirklich mochtest.
3. Einen Clubabend allein starten – Bonuslevel, wenn du mit jemandem ins Gespräch kommst.

Und denk dran: Du bist nicht komisch, weil du Sachen allein machst. Du bist charismatisch, weil du's trotzdem machst. Mach's weird. Mach's für dich. Mach's öfter. Alleinsein ist keine Strafe, es ist eine Superkraft.

Kurz & weird zusammengefasst

Alleinsein ist kein soziales Armutszeugnis, es ist ein verdammt unterschätzter Super-Skill. Wer mit sich selbst klarkommt, braucht keine Dauerbeschallung und strahlt genau das aus: Ruhe, Souveränität und Charisma. Und ja, das ganze Popcorn gehört dir. Gönn dir.

„Und wenn du allein sein wirst, wirst du ganz dein sein." Leonardo da Vinci denkt, du bist bereit für die nächste Stufe: **Menschen**. Aber keine Panik, wir tasten uns langsam ran.

Let's fake it till we weird it.

Show

**Fake it till you make it
Und danach wird's echt**

"Act as if you have unmatched confidence,
and people will believe it."

– Jordan Harbinger

Du bist also bereit für Menschen, Blicke und Gespräche. Situationen, in denen man nicht einfach auf ‚Mute' drücken kann. Keine Sorge, du musst nicht sofort glänzen. Es reicht, wenn du auftauchst. Und wenn du dabei so tust, als wärst du souverän, dann ist das keine Lüge, sondern der erste Schritt Richtung Wahrheit.

Mut sieht oft aus wie eine Show, bevor er sich echt anfühlt, denn Selbstvertrauen kommt selten von innen. Es kommt eher in Momenten, in denen du zum Beispiel vor Leuten etwas sagst, obwohl du nervös bist, oder wenn du zu einer Veranstaltung gehst, bei der du niemanden kennst.

Genau in solchen Situationen traust du dich, mutiger zu handeln, als du dich gerade fühlst. Es entsteht im Außen, also in dem Moment, in dem du dich so verhältst, wie du dich innerlich (noch) nicht fühlst. Und irgendwann – manchmal ganz nebenbei – wächst du da rein.

Wir alle kennen diese Menschen: Sie betreten einen Raum, als wären sie für diesen Moment gecastet worden. Was wir oft nicht sehen: Viele von ihnen haben geübt. Nicht das Leben, aber ihren Auftritt. Das ist die Kunst des Souverän-Tuns. Ihr Motto: Show-Time, Baby! Was viele nicht wissen: Oft ist es mehr Schein als Sein.

Die Fassade, die keine Lüge ist

„Du wirkst so ruhig und selbstbewusst." Das höre ich öfter. Andere beschreiben mich als beruhigend, geerdet oder souverän. Ich bedanke mich, während mein inneres Ich einen Lachanfall bekommt. Denn während ich äußerlich nicke, ruhig atme und klare Sätze formuliere, sterbe ich innerlich mindestens fünf kleine Panik-Tode. Ich denke an alles, was ich falsch machen könnte. An alles, was andere denken könnten. Daran, ob ich gerade irgendwie seltsam atme oder so, dass es auffällt oder ob ich aus Versehen eine zweideutige Handgeste à la Elon Musk mache und dann googeln muss, wie ich das rechtfertige. (Spoiler: römischer Salut.)

Aber: Ich wirke souverän. Und zwar (meistens) nicht, weil ich es bin, sondern weil ich es spiele. Nicht wie in einem Theaterstück, wo du jemand anderes bist, sondern wie in einem Probelauf für das eigene zukünftige Ich.

Die Version, die du sein willst. Und irgendwann... bist du's. So sieht Mut in Echtzeit aus. Souveränität bedeutet nicht das Fehlen von Unsicherheit, sondern der Mut zu haben, trotzdem aufzutreten.

Tu so, als wärst du souverän. (Bist du auch.)

Klingt wie Coaching-Sprech, aber dahinter steckt echte Psychologie. Unser Körper beeinflusst unsere Gedanken. Wenn du dich aufrecht hinstellst, tief einatmest, jemandem in die Augen schaust und sagst „klar krieg ich das hin", passiert etwas – nicht sofort, aber Schritt für Schritt.

-   Dein Körper: „Ich bin sowas von Alpha, ich kann alles."
-   Dein Gehirn: „Junge, was machst du da?! Das schaffen wir nie. Oder... hast du einen geheimen Plan? Ok, ich chill."

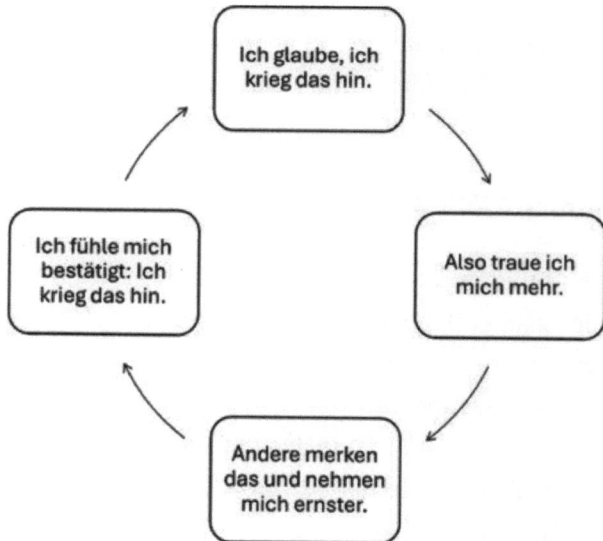

Sofia erklärt's:

Die Psychologie geht heute davon aus, dass Gefühle nicht immer der Ausgangspunkt unseres Verhaltens sind. Oft läuft es genau andersherum.

Die **‚Self-Perception-Theorie'** beschreibt, dass wir aus unserem eigenen Verhalten Rückschlüsse auf unsere inneren Zustände ziehen. Wir beobachten uns selbst – so, wie wir andere beobachten – und schließen daraus, was wir fühlen oder wer wir sind. Wenn du dich also wiederholt wie eine selbstbewusste Person verhältst, kann dein Gehirn irgendwann zu dem Schluss kommen: *Offenbar bin ich selbstbewusst* (Bem, 1972).

Das wirkt zunächst kontraintuitiv, ist aber gut belegt. Unser inneres Erleben entsteht nicht nur im Kopf, sondern im Zusammenspiel mit dem Körper. Dieses Prinzip nennt sich ‚**Embodiment**'. Körperhaltung, Mimik und Bewegung beeinflussen unsere Emotionen messbar, nicht nur umgekehrt. Wer aufrecht sitzt, sich Raum nimmt oder bewusst atmet, verändert damit auch seine emotionale Lage (Niedenthal, 2007).

Ein bekanntes Beispiel dafür ist eine Studie zum **Lächeln**. Teilnehmer wurden gebeten, einen Stift zwischen die Zähne zu klemmen – eine Haltung, die unwillkürlich die Muskeln aktiviert, die wir beim Lächeln benutzen. Anschließend bewerteten sie Cartoons als deutlich witziger als eine Vergleichsgruppe. Nicht, weil sie glücklicher *waren*, sondern weil ihr Körper dem Gehirn ein entsprechendes Signal schickte und das Gehirn folgte (Strack, Martin & Stepper, 1988).

Merke: Ein „unechtes" Lächeln kann echte Stimmung auslösen und ein souveräner Auftritt kann echte Wirkung entfalten. Dein Körper kann den ersten Schritt machen, wenn dein Kopf noch zögert. Willkommen bei: *Fake it till you make it.* Oder anders gesagt: bis du aufhörst zu zweifeln, ob du souverän wirkst, weil du es einfach bist.

Was zur Coaching-Hölle ist eigentlich Selbstwirksamkeit?

Selbstwirksamkeit klingt wie ein Wort, das sich ein Life-Coach ausgedacht hat, um seine Tagesseminare professioneller wirken zu lassen. Aber es ist ein ziemlich nützliches Konzept – vor allem, wenn du wissen willst, wie du *wirklich* sicherer und souveräner wirst. Selbstwirksamkeit ist der Glaube an die eigene Fähigkeit, Herausforderungen bewältigen zu können. Nicht im Sinne von „Ich hab alles im Griff", sondern eher „Ich kann etwas beeinflussen, auch wenn ich (noch) nicht weiß, wie." Es bedeutet, daran zu glauben, dass du Einfluss hast: auf dein Verhalten, deine Reaktion, den Verlauf eines Gesprächs und vor allem dich selbst.

Menschen mit hoher Selbstwirksamkeit denken: „Wird schon, ich krieg das hin." Menschen mit niedriger dagegen: „Das bringt doch eh nix." Und Überraschung: Beide haben recht. Denn dein Glaube an dich beeinflusst, wie du dich verhältst und wie andere darauf reagieren.

Der Clou: Du musst nicht *sofort* an dich glauben. Du musst nur anfangen, *dich* ernst zu nehmen. Und genau das kannst du übern. Wenn du jetzt denkst: „Ja klar, ich soll mir einfach was einreden und dann wird's wahr?", dann lautet die Antwort: „Genau das". Willkommen bei der **selbsterfüllenden Prophezeiung.** Wenn du glaubst, dass du versagst, verhältst du dich anders: zögerlicher, unsicherer, zurückhaltender. Und du *wirkst* auch so. Andere nehmen dich nicht ernst und zack, hast du recht behalten.

Die gute Nachricht: Du kannst diesen Kreislauf bewusst unterbrechen. Mit einer kleinen Entscheidung, einer anderen Haltung und manchmal mit nur einem Satz. Wenn du also stattdessen denkst: „Ich krieg das schon hin", stehst du anders da. Du bleibst dran und das verändert die Situation, und zwar nicht, weil du plötzlich ein anderer Mensch *bist*, sondern, weil du dich anders *verhältst*.

Glaubenssatz → Verhalten → Reaktion → Bestätigung → neuer Glaubenssatz.

Das ist verdammt wirkungsvolle Psychologie und funktioniert sowohl bei positiven als auch bei negativen Glaubenssätzen, also nutze es weise.

Selbstwirksamkeit in Action: Kleine Schritte, große Wirkung.

Selbstvertrauen ist keine göttliche Eingebung. Es ist ein Muskel und wie bei jedem Muskel gilt, wenn du ihn nie benutzt, wird er nicht stärker. Aber keine Sorge, du brauchst keinen sozialen Endgegner, um zu üben. Du brauchst nur *eine kleine soziale Situation am Tag*, in der du minimal über dich hinauswächst.

Hier ein paar Ideen:

- ✓ **Sag etwas, auch wenn du dich unsicher fühlst.**
  Im Meeting. Beim Bäcker. In der Bahn. Hauptsache: laut.
- ✓ **Sag deine Meinung und relativiere sie nicht.**
  Nicht: „Also ich bin mir nicht sicher, aber..."
  Sondern: „Ich finde, das ergibt Sinn." Punkt.
- ✓ **Entscheide dich und steh dazu.**
  „Worauf hast du Lust?" – „Pizza."
  Ohne Diskussion. Ohne: „Oder nicht? Oder vielleicht doch?"
- ✓ **Sag heute einmal bewusst Nein.**
  Klingt klein, fühlt sich groß an. Du wirst sehen.
  Und ja: ‚Nein' ist ein vollständiger Satz.
- ✓ **Unternimm was allein.**
  Café, Kino, Spaziergang – dein Auftritt beginnt bei dir.
- ✓ **Challenge dich selbst.**
  Notiere dir ab heute für eine Woche jeden Tag:
  a) Eine Situation, in der du etwas Mutiges getan hast.
  b) Einen Satz, den du selbstbewusst gesagt hast.
  c) Einen Moment, in dem du dich unbeholfen gefühlt, aber trotzdem nicht entschuldigt hast, weil du genau da gewinnst.

Mut zur Imperfektion

Wenn wir an selbstbewusste Menschen denken, stellen wir uns oft glattge-
bügelte Perfektion vor: klare Worte, aufrechter Gang, keine peinlichen Momente, keine Unsicherheit. Aber *wirklich* beeindruckend, sind oft diejenigen, die sich auch mal blamieren und trotzdem locker bleiben. Jeder
Mensch kann (und wird) Fehler machen. Das Ziel ist es, sich nicht davon
unterkriegen zu lassen.

> **"Confidence is not 'They will like me.' Confidence is 'I'll be fine if
> they don't.'"**
> – Christina Grimmie

Wahre Souveränität heißt nicht, peinliche Momente zu vermeiden, sondern
sie zu überleben. Wenn du dich versprichst, zu früh klatschst, einen Witz
erzählst, der keiner war und trotzdem bleibst, lächelst und zeigst: Ich kann
über mich selbst lachen.

Denn: Wie du über dich denkst, beeinflusst, wie du dich verhältst. Wie
du dich verhältst, beeinflusst, wie andere dich wahrnehmen. Und wie andere dich wahrnehmen, beeinflusst, wie du über dich denkst. Ein Kreislauf,
bei dem du entscheidest, wo du einsteigst. Mit einem Satz, einem Blick, einem Schritt nach vorn, auch wenn er unsicher ist. **Fake it till you feel it.**
Und dann: **feel it, weil du's getan hast.**

Von der Show zur Wirkung

Vielleicht fragst du dich inzwischen: „Moment mal. Erst soll ich souverän tun, obwohl ich's nicht bin. Und gleichzeitig sagst du, Charisma zu haben heißt echt sein. Was denn nun? Show oder Authentizität?" Die ehrliche Antwort lautet: Beides. Und zwar in der richtigen Reihenfolge. Dazwischen liegt etwas, worüber viel zu selten gesprochen wird: **Entwicklung**.

‚Fake it till you make it' ist kein Aufruf zur Selbstverleugnung. Es ist vielmehr ein Notfallmodus für Situationen, in denen echtes Selbstvertrauen noch nicht da ist, du aber trotzdem loslegen willst. Da kommt die „Show" ins Spiel. Sie ist das Kostüm, das dich überhaupt auf die Bühne bringt, nicht die Maske, hinter der du dich versteckst. Du sollst also nicht so tun, als wärst du jemand anderes, sondern dir lediglich ein Verhalten „leihen", in das du hineinwachsen kannst.

Manchmal ist genau das nötig. Du ziehst dir dein souveränstes Lächeln wie eine schusssichere Weste über, weil du innerlich noch nicht dort bist, wo du hinwillst. Und das ist in Ordnung, denn oft ist der Körper dem Kopf ein paar Schritte voraus. Irgendwann kommt der Moment: Du merkst, dass du nicht mehr ständig darüber nachdenkst, wie du wirkst, dass du nicht mehr jede Geste kontrollierst oder jeden Satz innerlich probst. Du bist einfach da – nicht gespielt oder geprobt. Show ist der Anfang, Wirkung ist das Ziel. Denn irgendwann wird aus dem Spiel Ernst und zwar im besten Sinne.

Was das genau heißt? Dazu später mehr. Versprochen.

Wie du Nähe schaffst
auch wenn du nichts zu sagen hast

"Smalltalk is the appetizer
of human connection."

– Vanessa Van Edwards

Dieses Kapitel ist für alle mit echtem Innenleben, also für dich, wenn du Smalltalk nicht aus dem Effeff beherrschst und dich in Gesprächen manchmal fühlst wie ein Clown auf einer Beerdigung – irgendwie zu viel, zu echt, am falschen Ort mit den richtigen Gedanken – und trotzdem dazugehören willst. Für Menschen, die nicht bei Smalltalk automatisch auf Autopilot schalten, ist der lockere Plausch oft alles andere als locker. Während andere über das Wetter oder Sport reden, denkt dein Hirn gleichzeitig über den Sinn des Lebens und der Frage nach, ob diese Person wohl wirklich hören will, wie es dir geht.

Falls du jetzt denkst, dass dir Smalltalk schwerer fällt als anderen, damit bist du in guter Gesellschaft. In einer Befragung von 2 000 Berufstätigen gaben fast drei Viertel an, dass ihnen beiläufige Unterhaltung mit Kollegen – zum Beispiel in der Kaffeeküche oder im Aufzug – schwerfällt (Stylist Magazin, 2023). In einer weiteren Umfrage sagten rund zwei Drittel der Teilnehmer, dass sie Smalltalk als unangenehm empfinden oder ihn lieber vermeiden würden, wenn sie die Wahl hätten (Preply, 2020). Das Gefühl, sich in lockeren Gesprächen unwohl zu fühlen, ist normaler, als viele denken. Das Problem dabei ist meist nicht, dass Menschen keinen Smalltalk führen können, sondern zu viele Erwartungen haben. Gerade Menschen, die kein oberflächliches Blabla wollen, geraten beim Kennenlernen unter Druck. Sie möchten authentisch und ehrlich sein und erzählen dann Dinge, für die der Rahmen eigentlich noch nicht geeignet ist. Wenn das Timing nicht stimmt, führt das so schnell zum sogenannten ‚Oversharing‘, also das Teilen von zu intimen persönlichen Informationen oder ‚Emotional Dumping‘ (emotionales Abladen), also das ungefragte Teilen belastender Erlebnisse.

Warum dann überhaupt Smalltalk führen, wenn man gefühlt alles falsch machen kann? Ganz einfach: weil er das Tor zu echten Gesprächen und Verbindung ist und die entsteht fast nie aus dem Nichts. Es braucht einen gemeinsamen Startpunkt, etwas Unverfängliches. Smalltalk schafft genau diesen sicheren Rahmen, in dem Nähe überhaupt erst entstehen kann. Wir klären in diesen ersten Minuten unbewusst Dinge wie: Ist mir die andere

Person wohlgesonnen? Ist diese Person eher ruhig oder sehr präsent? Hört mir die andere Person wirklich zu oder wartet sie nur auf ihren Einsatz? Kann ich hier entspannen oder soll ich lieber vorsichtig sein? Smalltalk soll nichts Großes transportieren außer der Information, dass man miteinander kann. Er ist wie die Vorspeise: selten der Grund, warum du da bist, aber wehe, sie fehlt.

Der Einstieg: Besser als „Na?"

Bist du Team „Ich bin nicht gut in Smalltalk. Ich will direkt über meine Kindheit reden"? Verständlich, aber ich glaube, das geht besser. Hier ein paar charmante, nicht-tödliche Gesprächseinstiege:
- „Ich bin so schlecht in Smalltalk. Was ist deine Go-to-Eröffnung?"
- „Du siehst aus, als wärst du gut im Geschichten erzählen. Stimmt das?"
- „Wenn du ein Meme/Song) wärst, welches/r wär's heute?"
- „Gibt es etwas Neues, das du in letzter Zeit entdeckt hast?"
- „Gibt es etwas, das dir in letzter Zeit überraschend Spaß gemacht hat?"
- „Was sollte man über dich wissen, bevor man Smalltalk mit dir führt?"
- „Was ist die seltsamste Situation, in der du mal jemanden kennenge-lernt hast?"
- „Worüber könntest du spontan länger reden?"

Diese Einstiege sind keine Pflicht, sondern Angebote für Momente, in de-nen sich Reden angenehmer anfühlt als Schweigen.

Notfallplan bei Awkward Silence

Okay, soweit so gut, aber was tun, wenn gar nichts läuft? Das Gespräch stockt und niemand sagt etwas. Jemand Drittes gesellt sich in die Runde: die Stille. Stille ist für viele unangenehm, weil wir uns schnell bewertet füh-len. Wir sind es gewöhnt in Gesprächen Signale zu lesen: Nicken, Lachen, Rückfragen. Sobald kein Feedback mehr kommt, beginnt unser Kopf, die Lücke zu füllen, oft mit Selbstzweifeln. *Habe ich etwas Falsches gesagt? Langeweile ich den anderen? War das komisch?* Reden gibt Halt, denn solange gesprochen wird, wissen wir, dass wir uns noch „im Spiel" befinden. Stille nimmt diesen Halt kurz weg. Gleichzeitig schaltet sich jemand anderes ein: unser innerer Kritiker. Und sein Programm lautet Selbstzweifel, Grübeleien und alte Unsicherheiten, denn wir haben gelernt, dass Gespräche nur dann „gut" sind, wenn sie fließen. So wird Stille nicht als normaler Moment erlebt, sondern als Fehler, der „repariert" werden muss.

Was also tun? Erstmal Ruhe bewahren. Pausen sind völlig normal und nötig, um zu denken und Dinge zu sortieren. Wenn es aber zu unangenehm wird, hier ein paar Optionen – je nach Mut-Level:

a) **Stell eine Frage, die du selbst gern beantworten würdest.**
   Beispiel: „Wenn du jetzt irgendwo anders sein könntest, wo wärst du?"

b) **Kommentiere das Setting.**
   Beispiel: „Ich bin heute nur zu 30 % gesprächsfähig, reicht das für uns beide?"

c) **Sprich das Schweigen charmant an.**
   Beispiel: „Ich mag solche Pausen. Die machen Gespräche so real."
   Für Mutige: „Fun Fact: Ich sammle peinliche Gesprächspausen. Du wärst heute meine Nummer 7."

Was Smalltalk wirklich ist (und was nicht)

Smalltalk wird oft belächelt – als oberflächliches Geplänkel für Menschen, die nichts zu sagen haben. Aber das stimmt so nicht. Sieh Smalltalk als ein soziales Aufwärmen, kein inhaltsloses Blabla. Und dieses soziale Aufwärmen begegnet uns erstaunlich häufig: beim Bäcker, im Treppenhaus, in der Schule, im Büro. Eigentlich überall, wo wir Menschen treffen – unabhängig davon, ob wir sie kennen oder sie fremd sind. Es wird Zeit, mit ein paar Mythen aufzuräumen und Smalltalk endlich die Bühne zu geben, die er verdient. (Auch wenn er nur fünf Minuten dauert.) Und ja, Wetter darf bleiben.

Mythos 1: Über das Wetter Reden ist sinnlos

Wahrheit: Wetter ist ein sozialer Türöffner. Niemand redet darüber, weil er Luftfeuchtigkeit so sexy findet, sondern weil es sagt: „Ich bin offen für Kontakt. Du auch?"
Tipp: Wenn du's auflockern willst, sag z. B.: „Ich glaube, das Wetter ist heute auch überfordert."

Mythos 2: Smalltalk darf bloß nicht persönlich sein

Wahrheit: Doch, darf er. Aber *leicht* persönlich – Offenheit statt Offenbarung.
Fragen wie: „Was war dein Highlight diese Woche?" „Hast du gerade ein ‚guilty pleasure⁴?" sind tausendmal besser als: „Und, was machst du so beruflich?" oder Gott bewahre: „Ich habe gerade ziemlich Blähungen."

Mythos 3: Gute Smalltalker reden viel

Wahrheit: Oft reden sie nur gut verteilt. Zuhören, Pausen zulassen und Rückfragen stellen ist genauso wichtig.
Fun Fact: Introvertierte Menschen sind oft besonders gute Smalltalker, weil sie beobachten, zuhören und nicht ständig senden müssen.

Mythos 4: Es gibt keine Tabus, Hauptsache du redest

Wahrheit: Doch, es gibt No-Go-Themen. Das Zauberwort lautet Timing.
Merk dir: Smalltalk ist das Vorspiel zum echten Gespräch.
Warnung: ‚Oversharing' und ‚Emotional Dumping' kann beim Gegenüber zum sogenannten ‚TMI' (‚too mich information' = zu viel Information) führen.

---

⁴ Ein ‚Guilty Pleasure' – auf Deutsch etwa „heimliches Vergnügen" – bezeichnet etwas, das uns Freude bereitet, für das wir uns jedoch gleichzeitig ein wenig schämen. Es passt nicht ganz zu unserem Selbstbild oder zu dem, was gesellschaftlich als „guter Geschmack" gilt. Zum Beispiel Reality-TV, das wir natürlich „nur ironisch schauen".

No-Go-Themen in den ersten Minuten:

-   Krankheiten & Tod (außer du bist auf einer Beerdigung, dann regelt der Kontext)
-   Trauma & Trennung (wir fühlen mit dir, aber nicht beim Networking)
-   Politik & Religion (außer du bist in einer Debattiergruppe oder im Fegefeuer)
-   Geld, Kinderwunsch, Körper (offensichtlich, aber anscheinend nicht für alle)

Besser:

-   Lustige Beobachtungen
-   Serien-/Podcast-Tipps
-   Unnützes Wissen (Fun Fact: Ziegen haben rechteckige Pupillen.)
-   Deine persönliche Lieblingsfrage, z. B.: „Was würdest du lieber können: Gedanken lesen oder unsichtbar sein?"

Mini-Challenge: Werde Smalltalk-Explorer

Okay, genug der Theorie. Dein Auftrag – solltest du ihn annehmen – lautet:

1. Teste eine der vorgeschlagenen Fragen bei der nächsten Party, im Fahrstuhl oder an der Supermarktkasse.
2. Zähle, wie oft du dabei innerlich stirbst. Ziel: unter drei Mal.
3. Bonus-Level: Wenn jemand wirklich darauf einsteigt, feiere dich selbst still in deinem Kopf. Oder laut. Beides okay.

Abschlusstipp: Spontan sein ist schön, aber vorbereitet sein ist immer entspannter. Wenn dir ein paar Gesprächseinstiege im Hinterkopf helfen, nimm sie mit. Und vergiss nicht: Smalltalk ist wie Aperitif, nicht Absinth. Leicht, charmant, mit Luft nach oben – nicht, um direkt umzuwerfen.

Nach den zahlreichen Tipps dürfen natürlich auch die Gegenspieler nicht fehlen.

Die verbotenen Floskeln

Floskel	Warum das keine gute Idee ist
Na, auch hier?	Nur wenn du auf Ironie-Level 100 lieferst, sonst bitte nicht.
Und, was machst du beruflich?	Funktioniert auf LinkedIn, nicht im echten Leben. Frag lieber: „Was machst du gern, wenn du mal nicht funktionieren musst?"
Na, warum hat's denn bei dir noch nicht geklappt?	Klingt wie: Du bist nicht in einer Beziehung? Uff, dann stimmt wohl was nicht mit dir.
Du siehst aber müde aus.	…und du siehst aus, als wärst du ein Opfer. Danke auch.
Du bist aber ruhig. Erzähl doch mal was.	Das hat die Person bestimmt noch nie in ihrem Leben gehört.
Wie, du trinkst keinen Alkohol?	Diese Frage klingt wie: „Du bist komisch und musst dich jetzt rechtfertigen." Lass sie einfach weg und trink still und freundlich.
Und? Kinder geplant?	Du bist kein Gynäkologe.
Lächel doch mal.	Wenn jemand lächeln will, wird er das schon tun. Wenn nicht, hat das Gründe, die dich nichts angehen.

Hinweis: Falls du dich hier wiederfindest: Keine Panik. Wir alle haben mindestens eine davon schon gesagt.

Emergency Exit

Manchmal merkt man: Das wird nix mehr. Entweder ist das Gegenüber so spannend wie eine Steuererklärung oder das Gespräch so produktiv wie TikTok nachts um zwei. Klar, du könntest sagen: „Ich muss mal kacken", dann wäre das Gespräch mit Sicherheit beendet. Hier ein paar Alternativen, wie du Gespräche verlässt, ohne wie ein Soziopath zu wirken:

- „Ich hol mir mal eben was zu trinken."
  (Geheimer Code für: Ich verschwinde wie ein Ninja.)
- „Sorry, mein Kopf ist gerade woanders. Ich brauch kurz 'nen Moment."
  (Ehrlich, menschlich und niemand ist beleidigt.)
- „Ich dreh mal 'ne kleine Runde."
  (Funktioniert überall – außer in Fahrstühlen.)
- „Ich muss kurz mein Handy checken / jemandem antworten."
  (Der digitale Joker – funktioniert immer.)
- „Ich geh mal kurz raus, frische Luft schnappen."
  (Klassiker bei Social Battery Low – muss nicht erklärt werden.)
- „Ich misch mich mal woanders rein. Ich hab jemanden entdeckt, den ich ewig nicht gesehen hab."
  (Soziale Eleganz in einem Satz.)

Es kann natürlich sein, dass die andere Person sich einfach anschließt. Dann hast du leider Pech und dein Gegenüber kein besonders feines Gespür für soziale Nuancen.

Sofia erklärt's:

Du denkst noch Smalltalk sei Zeitverschwendung? Okay. Aber was, wenn dein Gehirn dabei genau das kriegt, was es braucht? Zeit für ein bisschen Psychologie.

Smalltalk macht uns glücklicher:

Schon kurze Gespräche mit Fremden – z. B. im Café oder an der Supermarktkasse – können die Stimmung messbar heben. Menschen, die sich auf solche Mini-Interaktionen einlassen, berichten von mehr positiver Stimmung als diejenigen, die sie vermeiden. Warum? Weil soziale Begegnung unser Belohnungssystem aktiviert. Kontakt bedeutet für das Gehirn: *Ich bin nicht allein. Ich gehöre dazu.* Ein kurzer Austausch reicht oft schon für einen kleinen Dopaminschub (Epley & Schroeder, 2014).

Smalltalk reduziert das Gefühl von Isolation:

Wir unterschätzen massiv, wie wichtig kleine Begegnungen sind. Regelmäßige Mikro-Interaktionen stärken unser Gefühl von Zugehörigkeit, selbst wenn wir niemanden näher kennen. Menschen brauchen Kontakt und Nähe nicht immer intensiv, aber regelmäßig (Sandstrom & Dunn, 2014).

Smalltalk trainiert soziale Skills:

Smalltalk ist so etwas wie das Fitnessstudio für soziale Skills. Du übst zuhören, reagieren, einschätzen, Gespräche beginnen und beenden. Ganz nebenbei wächst dabei oft auch das Gefühl von Selbstwirksamkeit – *Ich kann das. Ich komme zurecht* – wodurch ein Selbstwert profitiert (McAndrew, 2020).

Smalltalk wirkt gegen ‚Overthinking':

Kurze, beiläufige Gespräche holen dich aus deinem Kopf zurück in die Realität. In der Psychologie spricht man dabei von ‚weak ties' – also lockeren, flüchtigen Kontakten –, von ‚sozialem Buffering', also der stabilisierenden Wirkung sozialer Nähe, und von ‚sozialer Aufmerksamkeit', bei der der Fokus weg vom Grübeln und zurück ins Hier und Jetzt wandert. Und die Forschung ist sich einig: Auch kurze, beiläufige soziale Interaktionen können Stress reduzieren, Grübeln unterbrechen und emotionale Stabilität fördern (Sandstrom & Dunn, 2014; Hostinar et al., 2014; Lieberman, 2013).

Kurz & Weird zusammengefasst

👍 DO's

- ✓ Frag lieber: „Was war dein Highlight diese Woche?" statt: „Was machst du so?"
- ✓ Sei ehrlich, wenn du dich komisch fühlst, das macht dich sympathisch.
- ✓ Hör wirklich zu – nicke, reagiere, stell Rückfragen.
- ✓ Kommentier ruhig das Offensichtliche („Sorry, mein Hirn ist grad ein bisschen im Leerlauf...")
- ✓ Mach's dir leichter: Smalltalk ist der Einstieg, nicht der Seelenstriptease.

👎 DON'Ts

- ✗ Starte Gespräche nicht wie ein Lebenslauf: Beruf, Herkunft, Familienstand.
- ✗ Frage niemanden nach Beziehungsstatus, Kinderplanung oder Schlafqualität.
- ✗ Tu nicht so, als wärst du interessiert – Fake-Neugier ist anstrengend.
- ✗ Erzähl keine To-do-Listen. Niemand will deinen Aldi-Einkauf nachvollziehen.
- ✗ Verlass Gespräche nicht wie ein Geist. Sag kurz was, auch wenn's nur ist: „Ich brauch kurz eine Pause."

Wenn dein Hirn plötzlich
auf Englisch umschaltet

"Change your language
and you change your thoughts."

– Karl Albrecht

Du hast dich vorbereitet und dein innerer Smalltalk-Spickzettel steht. Ein bisschen Wetter, ein bisschen Ironie, vielleicht sogar ein halblustiger Gag auf Lager. Und dann – aus dem Nichts – sagt dein Gegenüber: "So, how's your morning been so far?"

Dein Gehirn macht *CTRL + ALT + DELETE*.

Alle vorbereiteten Witze verpuffen, weil du plötzlich nicht mehr weißt, ob es im Englischen überhaupt Blondinenwitze gibt (aber gut, die sind eh Quatsch und das sage ich nicht nur, weil ich blond bin). Willkommen beim englischen Lampenfieber. Und ja, ich habe in dem Moment auch überlegt: Wie heißt das eigentlich auf Englisch? Spoiler: Es ist nicht ‚lampfever'…

Dass dein Gehirn beim Wechsel ins Englische kurz stockt, ist normal und wissenschaftlich belegt. Beim Sprachwechsel muss dein Gehirn die aktive Sprache umstellen – quasi ein innerer Reboot – denn Wörter, Grammatik und Sprache liegen nicht einfach nebeneinander bereit, sondern werden je nach Sprache unterschiedlich aktiviert und das kostet mentale Energie (Bialystok et al., 2009).

Die englische Bühnenangst

Du kannst Englisch. Du hast Serien auf Englisch geschaut, Prüfungen bestanden, im Urlaub Kaffee auf Englisch bestellt. Aber sobald du spontan etwas sagen sollst – in einem echten Gespräch mit echten Menschen – wirst du zur A2-Version deiner selbst. Das liegt nicht an deinem Vokabular, sondern daran, dass du beobachtet wirst. Dein Hirn denkt: „Oh no, das ist jetzt ernst. Jetzt darf ich keine Fehler machen." Und genau dann passieren sie. Statt "I totally agree" sagst du "Yes, I think the same. Like … totally".

Fun Fact: Studien zeigen, dass ein großer Teil der Menschen starke Unsicherheit empfindet, wenn sie in einer Fremdsprache sprechen, selbst, wenn sie die Sprache eigentlich beherrschen. Dieses Phänomen wird in der

Psychologie als ‚Foreign Language Anxiety' – also Fremdsprachenangst – bezeichnet (Horwitz et al., 1986).

Die Perfektionismus-Falle

Das große Missverständnis: Viele denken, sie müssen auf Englisch genauso smart, lustig oder präzise sein wie auf Deutsch. Entwarnung: Müssen sie nicht. Das ist kein Oxford-Essay, sondern Smalltalk. Ein Satz mit einem Lächeln wirkt zehnmal besser als ein gestelzter Vortrag in Business-Englisch mit stockendem Blick und Angstschweiß. Nobody cares if you say "funny" when you mean "weird". Solange dein Gesicht ungefähr dasselbe sagt wie dein Mund, verstehen dich alle.

Übrigens: Wer in einer Fremdsprache kommuniziert, trifft laut Studien oft rationalere Entscheidungen, fühlt sich aber weniger authentisch dabei. Das liegt daran, dass emotionale Nuancen in einer Fremdsprache weniger automatisch verfügbar sind (Keysar et al., 2012).

Notfallstrategien fürs Hirn im Panikmodus

Falls du weder rational noch authentisch bist, hier ein paar Dinge, die helfen, wenn dein innerer Google Translator ausfällt:

Satzanfänge zum Abspeichern

- "What I meant to say was…"
- "I'm not sure how to say this, but…"
- "Let me put it this way…"
- "That's a great question!" ← funktioniert IMMER.

Körpersprache nutzen

- Nicken, lächeln, gestikulieren – all das signalisiert Interesse und oft reicht genau das, um ein Gespräch lebendig zu halten.

- Kommunikation ist kein Sprachtest, sondern ein Zusammenspiel aus Blickkontakt, Tonfall, Mimik und Gestik.
- Dein Körper kann übersetzen, was dein Mund nicht schafft – z. B. ein kurzes Nicken oder ehrliches Lächeln.
- Wenn Nervosität einsetzt, hilft Bewegung – das sendet nicht nur nach außen Signale, sondern auch nach innen und beruhigt dein Nervensystem.

Mini-Mantra für die Panik

„Ich muss nicht eloquent sein. Ich muss nur da sein."
Hilft wirklich. Denn da sein, das kannst du!

Cringe-Anekdoten (aka: Ich hab das alles wirklich gesagt)

Das Wettergespräch, das keins war
US-Kollegin: "Let's take a raincheck on that."
Ich: "Sure! It's sunny here, but yesterday it rained."
Sie: *Verwirrung*.
Ich: *Sterbe innerlich*.
Turns out: ‚Raincheck' heißt nicht Wetter, sondern „Verschieben wir's, holen es aber nach."

Touch what?
Kollege sagt: "Let's touch base next week."
Ich nicke, sage "Yes, let's do that."
Touch was? Welche Base? Baseball? Körperkontakt? Ich habe später gegoogelt. Bedeutet: „Lass uns nächste Woche nochmal abstimmen."

Passt so – nur nicht auf Englisch
Im Café wollte ich dem Kellner sagen: „Stimmt so".
Ich sagte: "It fits."
Er: "Excuse me?"
Richtig wäre: "Keep the change." oder "That's for you."

How are you? Die Falle

US-Kollegin im Flur: "Hey, how are you?"

Ich: „Well... actually, the week has been a bit though because—"

Sie: geht schon weiter.

Ich: steh höchst verwirrt da.

Turns out: „How are you?" ist im Englischen meist ein Gruß mit Fragezeichen und heißt einfach nur „Hallo".

Erwartete Antwort: „Doing well!" und weiter geht's.

Akzent? Ja bitte.

Und selbst wenn du alle diese Sätze draufhast, eins bleibt oft trotzdem hörbar: dein Akzent. Manche versuchen, ihn zu verstecken. Andere entschuldigen sich dafür. Aber was wäre, wenn dein Akzent gar kein Nachteil ist, sondern ein Teil deiner positiven Wirkung?

AKZENT = AUTHENTIZITÄT

Viele Menschen versuchen, ihren Akzent zu verstecken, dabei zeigt Forschung etwas anderes: Ein leichter nicht-nativer Akzent wird häufig als **authentisch**, **nahbar** und **glaubwürdig** wahrgenommen, besonders dann, wenn die Person selbstbewusst spricht (Hanulíková et al., 2012).

Eine andere Untersuchung zeigte: Zuhörer **hören aufmerksamer zu**, wenn jemand mit leichtem Akzent spricht, weil sie aktiver zuhören, um die Sprache bewusster zu verarbeiten (Lev-Ari & Keysar, 2010).

Fazit: Ja, es braucht mehr Denkleistung, aber genau deshalb hören Menschen genauer hin.

AKZENT = ZUGEHÖRIGKEIT

In einer globalen Welt ist ein Akzent mehr **soziales Erkennungszeichen** als Makel. Sprachforscherin Rosina Lippi-Green beschreibt Akzent als natürlichen Bestandteil sprachlicher Identität, also ein Zeichen von Herkunft,

Erfahrung und Zugehörigkeit. Besonders in internationalen Teams wird er oft positiv wahrgenommen (Lippi-Green, 2012).

Eine Untersuchung aus Großbritannien zeigte sogar, dass bestimmte nordeuropäische Akzente – etwa Deutsch oder Skandinavisch – als **verlässlich**, **strukturiert** und **seriös** wahrgenommen werden (University of Essex, 2018).

Fazit: Dein Akzent trägt etwas bei und zwar mehr, als du denkst.

AUS SICHT VON LERNENDEN? VERSTÄNDLICH = WERTVOLL

Für viele Lernende ist die größte Angst, nicht wie ein Muttersprachler zu klingen. Untersuchungen zeigen jedoch, dass Sprecher mit leichtem Akzent oft als **überlegt** und **glaubwürdig** wahrgenommen werden – unter anderem, weil sie **langsamer, klarer** und **bewusster** sprechen (Schoonbaert & Hartsuiker, 2021).

Fazit: Du klingst vielleicht nicht sexy, aber so, dass man dir folgen kann und das ist im Business Gold wert.

Dein Akzent ist kein Fehler, er ist deine Geschichte. Du musst nicht klingen wie ein BBC-Moderator. Du darfst klingen wie jemand, der sich traut, sich verständlich zu machen, auch wenn's ruckelt. Also versuch ein bisschen weniger Perfektion und ein bisschen mehr Persönlichkeit rüberzubringen. Denn dein Gehirn tut gerade etwas sehr Beeindruckendes: in einer Sprache denken, fühlen und kommunizieren, die nicht deine erste war.

Und wenn jemand beim Zuhören denkt: „Ah, kein Muttersprachler", dann denkt er wahrscheinlich auch: „Wow, der spricht trotzdem flüssig. Respekt."

Studien zur interkulturellen Pragmatik zeigen: Wörtliche Übersetzungen aus der Muttersprache wirken im Englischen schnell fordernd oder unhöflich (Hofstede, 2001). Also nutze ruhig deine eigenen Worte.

Sag's, aber sag's richtig

X Nicht so	✓ Lieber so
Let's make a pause.	Let's take a break.
I hear you.	I get what you're saying. / I totally understand.
Can you repeat it?	Sorry, I didn't catch that. / Could you say that again, please?
I'm coming later	I'll be there a bit later. / I'm running late.
Actually…	Well… / To be honest… (je nach Tonlage)
I'm a little confused.	Just to clarify… / Could you explain that a bit more?
Let's discuss about it.	Let's discuss it. (Discuss = kein "about"!)
Thanks for your help, it was very useful.	Thanks, that really helped! / That was super helpful, thank you!
Please inform me.	Could you let me know? / Just keep me posted.
Do you have a question?	Any questions? / Is there anything unclear?
He is very sympathetic.	He's very nice. ("Sympathetic" = „mitfühlend").
We are five people.	There are five of us.
I become …	I get nervous.
I'm finished.	I'm done. "Finished" kann sehr dramatisch klingen („Ich bin am Ende").
We see us tomorrow.	See you tomorrow.

Let's fake it, till you fluently make it

Und wenn wir schon dabei sind, Dinge zu entstressen: Du musst in einer Fremdsprache nicht besonders clever, originell oder beeindruckend klingen. Die meisten Menschen sind schon damit beschäftigt, selbst klarzukommen. Du musst auch nicht perfekt grammatikalisch sprechen oder ausgefeilte Satzkonstruktionen bauen.

Im Gegenteil: Je einfacher du dich ausdrückst, desto souveräner wirkst du. Wenn du im Kopf komplizierst, kommt aus dem Mund meist Chaos. Komplex klingt dann nicht klug, sondern gestresst.

Forschung zeigt sogar, dass verständliche Sprache bei Gesprächen oft als kompetenter wahrgenommen wird als komplizierte Formulierungen (Oppenheimer, 2016).

Der Moment, in dem dein Gehirn beim Sprechen umschaltet, ist unangenehm und fühlt sich ungemütlich an, aber genau dieser Moment ist Training. Dein Sprachmuskel wird mit jeder Benutzung stabiler. Du musst kein Native Speaker sein. Du musst einfach du sein – mit ein bisschen Improvisation und einer Portion Humor.

Studien zeigen, das selbstbewusstes Verhalten mit der Zeit tatsächlich das innere Selbstvertrauen stärken kann (Wood et al., 2013).

Auf gut Deutsch gesagt:
Ein bisschen peinlich darf's sein, Hauptsache du redest.

Und falls gar nichts mehr geht, hier noch ein Witz (ich übernehme keine Haftung dafür):

"What's the difference between the USA and yoghurt?"
"If you leave yogurt alone for 200 years it will develop a culture."

Netzwerken für Menschen,
die Netzwerke hassen

„Kontakte schaden nur dem, der keine hat."

– Deutsches Sprichwort

Ein bisschen peinlich darf's sein, Hauptsache du redest. Das gilt nicht nur für Präsentationen, Sprachen, und peinliche Umarmungsversuche (später mehr dazu). Das gilt auch – vielleicht sogar besonders – fürs Networking. Aber was ist denn dieses Networking überhaupt?

‚**Networking**' bedeutet, Kontakte zu anderen Menschen aufzubauen und zu pflegen, sowohl beruflich als auch privat. Meist entstehen daraus Kontakte, die auf gegenseitigem Interesse, Unterstützung oder gemeinsamen Themen beruhen. Und es passiert überall: bei Veranstaltungen, im Alltag, online, über Freundeskreise oder durch gemeinsame Hobbys. Es ist im Grunde bewusste Beziehungspflege, denn fast alles im Leben – Arbeit, Chancen, Ideen, Unterstützung, Lernen – entsteht durch Beziehungen. Nicht jede Verbindung wird eng, aber viele kleine Kontakte bilden ein soziales Netz für Fragen, Übergänge und Unsicherheiten.

Du muss nicht unbedingt Freunde fürs Leben finden, aber Austausch ist wichtig: Fürs Denken, für Ideen, für Möglichkeiten, auf die man allein nicht gekommen wäre. Ziel ist es nicht, möglichst viele Kontakte zu sammeln, sondern ein paar echte Verbindungen aufzubauen.

Networking ist gut, nur sein Image ist schlecht. Es klingt, als müsste man sich verstellen. Als wäre es lediglich eine Strategie statt echtes Interesse und als wäre jedes Gespräch ein Interview. Aber eigentlich ist Networking nur eins: Menschen begegnen. Ganz ohne Show. Funk eben.

Doch sobald du versuchst, mit Menschen zu sprechen, die du nicht kennst (und bei denen du ehrlich gesagt auch gar nicht weißt, ob du sie kennenlernen willst), passiert oft Folgendes: Dein Hirn schaltet in den ‚Performance-Modus'. Und während du nach einem cleveren Einstieg suchst, sagen andere schon sowas wie: „Ich hab grad ein Haus gekauft."

Das ist mir tatsächlich mal passiert. Ich war auf einem dieser typischen Netzwerk-Events und kam mit einem Mann ins Gespräch. Hauskauf, wow. Ich war erstmal beeindruckt und sagte sowas wie: „Wow, das ist ja eine krasse Leistung." Seine Antwort: „Naja, so wie die Bank einem das Geld aktuell hinterherschmeißt."

Ich fühlte mich in dem Moment, als hätte ich mich aus Versehen in ein Bewerbungsgespräch für das Leben verirrt. So fühlt sich Netzwerken oft an: Zwei Menschen mit komplett verschiedenen Lebensrealitäten, die versuchen, ein Gespräch zu führen, das für beide Sinn ergibt. Und genau da beginnt das eigentliche Problem, aber auch die Chance. Gute Gespräche entstehen nicht, weil zwei Menschen exakt gleich ticken, sondern weil sie bereit sind, sich trotzdem aufeinander einzulassen. Weil jemand ehrlich sagt, was er denkt. Weil der Moment nicht perfekt ist, aber echt.

Unwohl in Gesellschaft und trotzdem vernetzt

Das Unangenehme am Netzwerken ist meist nicht, dass man niemanden kennt, sondern dass es manchmal schwierig ist auf einen gemeinsamen Nenner zu kommen. Der Moment mit dem Hauskauf war genau das. Kein Drama, keine echte Katastrophe. Zwei Menschen, zwei Realitäten und ein Gespräch, das nicht ganz zusammenpassen wollte und bei dem man dennoch versucht, eine Gesprächsbasis zu finden.

Trotzdem: Der schwierigste Teil ist oft der Anfang. Der Moment, bevor überhaupt ein Wort gefallen ist. Wenn man sich fragt, ob man einfach hingehen soll oder so tut, als wäre das Buffet wahnsinnig spannend. (Kleiner Tipp: Die besten Kontakte entstehen sowieso am Buffet.) Und genau das ist die Herausforderung: Netzwerken soll eine Brücke sein, aber manchmal ruft man sich nur von zwei Ufern aus zu.

Was ist es also, das Netzwerken so kompliziert macht? Erinnern wir uns an den Satz weiter oben: „Dein Hirn schaltet in den ‚Performance-Modus'." Viele denken, sie müssten sich inszenieren und sobald du denkst, du musst „etwas sein", vergisst du, wie man einfach ist. *Was soll ich sagen? Wie wirke ich? Und was, wenn ich einfach grad keine coole Story hab?* Fast alle, die netzwerken, gehen innerlich genau diese Checkliste durch. Und genau hier zeigen sich die größten Stolpersteine:

1. **Man vergleicht sich ständig.**

   In Netzwerk-Situationen erzählen Menschen oft von Highlights: Eine Person redet vom Haus, eine andere vom Sabbatical, du vom Kampf mit deiner Steuererklärung. (Ach ne, ich habe ja die Frist schon wieder verpasst.) Dadurch entsteht schnell das Gefühl: Alle anderen kriegen's hin, nur ich noch nicht.

2. **Es fehlt manchmal an echten Begegnungen.**

   Viele Gespräche bleiben im Smalltalk hängen, obwohl wir uns nach Tiefe sehnen. „Was machst du so?" ist keine schlechte Frage. Nur so oft gestellt, dass man automatisch „Und selbst?" zurückwirft, ohne überhaupt zuzuhören.

3. **Wir unterschätzen, wie gut echte Gespräche tun.**

   Menschen denken oft, dass tiefere Gespräche mit Fremden unangenehm wären. Studien zeigen jedoch, dass solche Gespräche im Nachhinein als viel verbindender, angenehmer und sinnvoller erlebt werden als oberflächlicher Austausch (Epley & Schroeder, 2014).

Und genau deswegen lohnt sich Netzwerken. Nicht, weil du dann LinkedIn-Kontakte sammelst wie Pokémon, sondern weil jede echte Verbindung – ob spontan oder strategisch – dir Türen öffnen kann. Beruflich, aber auch menschlich. Vielleicht wirst du nicht direkt befördert, weil du bei einem Event Smalltalk über Käse gemacht hast. Aber vielleicht ruft dich zwei Jahre später genau dieser Mensch an, weil er sich an dich erinnert.

Das ist Funk, also kein Hochglanz-Kontakt, aber eine Verbindung, die bleibt, auch wenn ihr euch danach lange nicht seht. Gute Begegnungen merkt man sich, auch wenn sie nicht perfekt waren, dafür aber echt.

Wenn du kein „Menschenmensch" bist, aber trotzdem Menschen brauchst

Du musst nicht gerne auf Partys gehen, du musst keinen Fragenkatalog abarbeiten und du musst auch nicht so tun, als wärst du begeistert davon, mit fremden Leuten im Stehen Käsewürfel zu schnabulieren. Aber: **Du brauchst Menschen.** Nicht alle, nicht ständig, aber ein paar. Für Inspiration, für neue Impulse, für Jobchancen, Feedback oder einfach einen ehrlichen Satz, der dich in der richtigen Sekunde erreicht.

Und nochmal: Netzwerken heißt nicht, dich zu verstellen. Es heißt: dich zeigen und mit Leuten sprechen, mit denen du sonst nie ins Gespräch kommen würdest. Manchmal ist das ungewohnt. Und manchmal einfach gut.

Funk ist:

- Wenn du plötzlich was Persönliches teilst, obwohl du's nicht geplant hattest.
- Wenn jemand dich wirklich interessiert, weil du neugierig bist, nicht, weil er nützlich sein könnte.
- Wenn das Gespräch nachwirkt, obwohl ihr euch vielleicht nie wieder seht.
- Wenn ihr beide kurz zusammen lachen könnt, vielleicht auch über euch selbst.
- Wenn jemand eine kleine Unsicherheit zugibt und du dich dadurch entspannst.
- Wenn ein Gespräch plötzlich eine Richtung nimmt, mit der niemand gerechnet hat.

Kein Funk ist:

- Wenn du das Gefühl hast, du hältst ein Bewerbungsgespräch ohne Stelle.
- Wenn du nicht zuhörst, sondern wartest, bis du wieder reden darfst.

- Wenn du nach Keywords filterst wie Google: „Arbeitet sie in meiner Branche? Nein? Weiter."
- Wenn du mehr darauf achtest, wie du wirkst, als darauf, wer vor dir steht.
- Wenn du danach nur weißt, was die Person macht, aber kein Gefühl für sie hast.
- Wenn du innerlich nach Möglichkeiten suchst, wie du dich abseilen kannst.
- Wenn du nach dem Gespräch erschöpfter bist als vorher.

Zusammenfassung, was echter Funk ist und was nicht: Funk ist, wenn du authentisch bist – nicht nur eloquent – und wenn es eine wirkliche Begegnung ist – nicht nur ein bloßer Informationsaustausch.

Mini-Übung zum Mitnehmen

Denk an eine Situation, die du beim nächsten Event als Einstieg nutzen könntest. Sie muss gar nicht tiefgründig sein, nur menschlich:
- Etwas Unerwartetes aus deinem Job.
- Eine lustige Panne.
- Ein Austausch, der absurd begonnen hat, aber hängen geblieben ist.

Notier sie dir und wenn du dich das nächste Mal fehl am Platz fühlst, fang einfach damit an. Du wirst überrascht sein, wie viele andere ebenfalls gerade nur so tun, als hätten sie den Dreh raus.

Storytelling statt Selbstvermarktung

‚Storytelling' bedeutet, Informationen in Form von Geschichten zu vermitteln, also mit Figuren, Situationen und Spannung. Statt nur zu sagen „Das Projekt war schwierig", erzählt man, was passiert ist, wer beteiligt war und warum es relevant war. Es ist keine moderne Business-Technik, sondern eine der **ältesten menschlichen Kommunikationsformen** überhaupt. Lange bevor es Bücher, Präsentationen oder PowerPoint gab, gaben

Menschen Wissen durch Erzählungen weiter – über Lagerfeuer, in Mythen, in Märchen und in religiösen Geschichten. Geschichten halfen dabei, Erfahrungen zu speichern, Werte zu vermitteln und Gemeinschaft zu schaffen.

Unser Gehirn ist bis heute darauf eingestellt. Geschichten aktivieren nicht nur Sprachzentren, sondern auch Bereiche für Bilder, Emotionen und Bewegung, deshalb bleiben sie besser im Gedächtnis als reine Informationen. Forschung aus der Kommunikationspsychologie zeigt, dass **Informationen in Storyform um ein Vielfaches besser im Gedächtnis bleiben** als reine Fakten, weil Geschichten Bilder, Emotionen und Zusammenhänge aktivieren, statt nur Daten zu liefern (Stanford Graduate School of Business, zitiert nach Heath, 2007).

Das heißt: Menschen merken sich nicht, was du machst, sondern was du erlebt hast. Geschichten geben deinem Gegenüber etwas, woran es andocken kann. Darum fühlen sich Gespräche mit kleinen Anekdoten sofort lebendiger an als reine Aufzählungen. Wie können wir das nun in Gesprächen nutzen? Ein Satz wie „War ein stressiger Tag." verschwindet sofort. „Ich habe heute meinen Kaffee dreimal aufgewärmt und ihn trotzdem nie getrunken." bleibt hingegen.

Leider wird Netzwerken oft mit Pitches verwechselt. Da steht man dann mit seinem Sektglas, scannt die Menschen und überlegt: *Was sag ich jetzt, damit ich kompetent, interessant und selbstsicher wirke?* Du brauchst aber keinen Pitch. Du brauchst eine kleine Geschichte, etwas, das zeigt, wie du denkst, wie du fühlst oder wie du im echten Leben so bist.

Hier ein Beispiel: Ich bin mal mit jemandem ins Gespräch gekommen, weil er meinte, meine Schuhe glänzen so schön. Kein Scherz. Das Gespräch begann mit: „Wow, die glänzen ja wie frisch lackiert." Ich dachte zuerst, er will sich lustig machen, aber er meinte es ernst. Und auf einmal redeten wir über Schuhpflege, Kindheitserinnerungen und glänzenden Dingen. Es war eines der nettesten Gespräche des Abends. Kein Networking-Klassiker kein „Und was machst du so?" – einfach zwei Menschen, die über Schuhe ins Gespräch kamen. Denk dran: Menschen merken sich nicht, was du gemacht oder gesagt hast, sondern, **wie du sie hast fühlen lassen**.

Begegnungen, die nicht nach Sales-Kurs klingen

Manchmal ist es gar nicht der Austausch selbst, der schwierig ist, sondern der Anfang. Der Moment, in dem du dich fragst: *Was sag ich jetzt? Sowas wie: „Hi." Aber besser.* Hier ein paar Gesprächseinstiege, die gerade deshalb wirken. weil sie viel menschlicher als professionell sind.

Der Zufalls-Öffner

„Wie bist du ausgerechnet hier gelandet?"
Klingt harmlos, aber steckt voller Möglichkeiten. Menschen erzählen gern, wie sie zufällig irgendwo gelandet sind und du öffnest damit sofort einen Raum für Storytelling, Überraschung und kleine Zufälle.
→ Funktioniert auch wunderbar als Icebreaker bei digitalen Veranstaltungen, Workshops oder Fortbildungen.

Der Gemeinsam-Scheitern-Starter

„Ich habe noch keinen Plan, wie man auf so Events ins Gespräch kommt. Du so?"
Funktioniert, weil es ehrlich ist und genau deshalb sympathisch. Solche Sätze machen's leichter, weil sie aussprechen, was eh alle denken, sich aber selten trauen zu sagen.
→ Diese Art von Einstieg senkt die Schwelle, weil du die Unsicherheit teilst, die sowieso alle spüren.

Der Echtheits-Turbo

„Ich find solche Events ja immer ein bisschen seltsam. Du auch?"
Keine Show, kein Smalltalk. Offen und unverstellt, nur ein kleiner Realitätsabgleich.
→ Du gibst damit deinem Gegenüber die Erlaubnis, auch nicht perfekt zu sein.

Solche Sätze wirken nicht nur sympathisch, sie verbinden wirklich. Studien zeigen, dass schon 15 Minuten ehrlicher Selbstoffenbarung mit einem Fremden – wie z. B. in der berühmten 36-Fragen-Studie – ausreichen können, um sich wie langjährige Freunde zu fühlen. *(Aron et al., 1997)*

Wichtig: Diese Gesprächsstarter funktionieren deshalb so gut, weil sie nicht vorbereitet wirken, auch wenn du sie dir vorher zurechtgelegt hast.

Und wenn du gar nichts vorbereitet hast, aber trotzdem einfach anfangen willst: „Ich hab grad entschieden, die nächste Person einfach anzusprechen. Und zack – du warst's. Glück für uns beide." Dieser Satz ist ehrlich, mutig und charmant verpeilt, also die perfekte Kombi für echten Funk.

Wenn das Gespräch ins Leere läuft
und warum das nicht schlimm ist

Netzwerken ist wie Karaoke mit Fremden: Du bist dir nicht sicher, ob du
dich blamierst, aber wenn du's durchziehst, erinnert man sich an dich – im
besten Fall positiv. Aber: Nicht jedes Gespräch wird magisch. Manche verlaufen im Sand, andere verlaufen sich im Monolog des Gegenübers, und
manchmal merkt man nach zwei Minuten: *Nope. Das wird hier nix.* Und das
ist okay. Netzwerken ist kein Bewerbungsgespräch mit Erfolgsquote. Es ist
eher wie Speed-Dating mit offenem Ende: Du weißt nie, ob's funkt und
manchmal ist es auch einfach ein kurzes, höfliches „Hallo" mit eingebau-
tem „Auf-Wiedersehen".

Was du dir merken darfst

- **Du musst nicht „alles rausholen".**
  Kein Gespräch ist vergeudet, nur weil nichts dabei „rauskommt".
  Manchmal ist es einfach ein kurzer sozialer Hüpfer – ohne Verpflich-
  tung. Für dich. Für den anderen. Fertig.
- **Du darfst Gespräche freundlich beenden.**
  Es ist völlig legitim, nach ein paar Minuten zu sagen:
  „Hey, ich schau mich noch ein bisschen um, aber danke dir fürs Ge-
  spräch."
  Oder:
  „Ich hol mir noch was zu trinken. Schön, dich getroffen zu haben."
  Kein Mensch mit Rest-Empathie wird dich dafür verurteilen.
- **Manche Gespräche sind einfach zur falschen Zeit am falschen Ort.**
  Es kann sein, dass du dich später erinnerst, und dann ist dieser Mini-
  Kontakt plötzlich wertvoll. Wie ein gespeicherter Tab, den du irgend-
  wann wieder öffnest und plötzlich nützlich findest.

Funk für Introvertierte & Anti-Soziale

Es gibt Menschen, die blühen in Gruppen auf. Und es gibt Menschen, die mögen Menschen, aber in moderaten Dosen. Wenn du eher zur zweiten Sorte gehörst: Glückwunsch! Du bist in bester Gesellschaft. Netzwerken ist kein Eignungstest deiner sozialen Fähigkeiten. Es ist etwas, das zu dir passen muss, nicht umgekehrt. Und deswegen, kannst du es für dich selbst gestalten.

Hier ein paar Networking-Prinzipien für alle, die bei Events lieber in der Ecke stehen als im Mittelpunkt:

- **Qualität vor Quantität.**
  Du brauchst keine zehn neuen Kontakte. Du brauchst einen, bei dem du dich wohl fühlst.
- **Reden ist Silber, Rumstehen ist Gold.**
  Unterhaltungen müssen nicht erzwungen werden. Manchmal reicht's, dich einfach dazuzustellen – beim Buffet, beim Wasserspender, neben jemandem, er auch gerade nur still in seinen Kaffee starrt. Wenn niemand performt, entsteht oft das ehrlichste Gespräch.
- **Zuhören wird unterschätzt.**
  Du musst nicht viel sagen, um einen guten Eindruck zu hinterlassen. Menschen erinnern sich an die, bei denen sie sich verstanden gefühlt haben, nicht an die, die am meisten geredet haben. Und laut Forschung wirkt Zuhören sogar kompetent, sympathisch und attraktiver (University of Southern California, 2021).
- **Erlaub dir die Flucht.**
  Du musst nicht durchhalten. Wenn dein Akku leer ist, geh aufs Klo, Luft schnappen oder sag „Ich schau mich mal um" – alles erlaubt. Du musst nicht abliefern, du darfst einfach da sein.
  Nicht alle, die auffallen, sind wirklich da. Und nicht alle, die da sind, müssen auffallen. Manche glänzen laut, andere wirken leise und genau die bleiben oft am längsten hängen.

Übungsteil: Mini-Missionen fürs echte Leben

Die Intention von Netzwerken sollte nicht sein „Wie komm ich gut rüber?", sondern „Wie komm ich echt ins Gespräch?" Hier ein paar kleine Challenges, die dir helfen, dich mit sozialem Funk wohler zu fühlen – Schritt für Schritt – denn soziale Momente sind wie Sport, man wächst mit jeder Wiederholung.

Mission 1: Der 1-Satz-Starter

Sprich auf dem nächsten Event (oder im Café, in der Bahn, an der Supermarktkasse) jemanden mit einem einzigen Satz an, der nicht aus einem Karrierecoachbuch stammt.

Beispiel: „Ich hab grad entschieden, den nächsten Menschen einfach anzusprechen."

Oder: „Ich steh schon ewig vor diesen Müslis. Was würdest du / würden Sie nehmen?"

Mission 2: Weniger ist mehr

Setz dir das Ziel, nur eine *echte* Verbindung zu schaffen, statt fünf neuer Kontakte zu sammeln. Ein Gespräch, bei dem du denkst: „Mit der Person würde ich auch ohne Networking-Kontext gern nochmal reden."

Mission 3: Die Cringe-Challenge

Sag etwas, das ein bisschen peinlich ist, aber ehrlich.

Zum Beispiel: „Ich find's immer komisch, so Events zu betreten. Ich komme immer später, damit schon genug Leute da sind und ich mich irgendwo unauffällig dazustellen kann." Beobachte, was passiert. (Spoiler: Die meisten werden erleichtert lachen.)

Psychologisch ist das kein Zufall. Menschen wirken sympathischer, wenn sie kleine Fehler oder Unvollkommenheiten zeigen – vorausgesetzt, sie kommen sonst grundsätzlich zurecht. Bei diesem positiven Sympathie-

Effekt von kleinen Missgeschicken spricht man vom ‚Pratfall Effect' (Aronson, 1966).

Mission 4: Die Exit-Probe

Übe, Gespräche freundlich zu beenden.
Satz-Vorschlag: „Ich geh mal weiter, aber danke dir fürs Gespräch."

Mission 5: Der Mini-Rückblick

Mache dir nach jedem Event (oder Gespräch) Gedanken über folgende Fragen und notier dir die Antworten:
- Was war der beste Moment?
- Was war ungeschickt, aber irgendwie okay?
- Was würdest du beim nächsten Mal wieder tun?

Kein Pitch. Kein Plan. Kein Problem.

Ich hoffe inzwischen ist deutlich geworden, dass Netzwerken nicht unbedingt nur Talent ist, sondern auch ein Skill, den man üben kann. Und du musst nicht der oder die Beste darin sein. **Du musst nur der Mensch sein, der du bist, plus ein bisschen Neugier.**

Du musst nicht laut sein, um gehört zu werden. Du musst auch nicht beeindrucken, performen, oder perfekt wirken. Menschen merken sich nicht wie makellos dein Auftritt war, daher versuchst du am besten gar nicht erst die beste Version deiner selbst zu spielen, sondern traust dich, die echte Version von dir zu zeigen.

Denn damit stärkst du nebenbei etwas enorm Wichtiges: Selbsttreue und Selbstrespekt. Egal ob du dich vernetzt, präsentierst oder einfach versuchst, dich in einem Raum voller Menschen nicht komplett verloren zu fühlen, irgendwann stellt sich die eigentliche Frage:

Stehst du für dich ein oder spielst du nur eine Rolle, von der du glaubst, dass sie besser ankommt?

Vielen Menschen lernen, sich anzupassen, nett zu sein und zuzustimmen. Das wirkt zwar sozial kompetent, fühlt sich aber innerlich sehr anstrengend an. Denn jedes Mal, wenn du „Ja" sagst, obwohl du „Nein" meinst, entfernst du dich ein kleines Stück von dir selbst. Aus diesem Grund sollte man nicht nur üben, Gespräch zu führen, sondern auch Grenzen zu setzen.

Im nächsten Kapitel geht es darum, warum ständiges ‚Ja-Sagen' dich nicht netter macht, sondern kaputt und warum ‚Nein sagen' nicht unhöflich ist, sondern das Freundlichste, was du dir selbst tun kannst. Denn, wer nie Nein sagt, sagt ständig Ja zu Dingen, die ihm nicht guttun.

Eigenraum

People Pleaser Rehab
Warum „Nein" dich stärker macht

„Manchmal ist Nein sagen das Mutigste,
was du tun kannst."

– Margarete Stokowski

Im Film „Der Ja-Sager" beschließt Jim Carreys Figur, aus Prinzip zu allem Ja zu sagen. Und plötzlich kommt Bewegung ins Leben: Abenteuer, neue Begegnungen, Liebe, sogar ein Koreanisch-Kurs. Das Ja reißt ihn aus der Lethargie, öffnet Türen und bringt ihn in Situationen, die er sonst nie erlebt hätte. Es wirkt wie ein Befreiungsschlag und manchmal bauchen wir genau das – etwas, das uns aus Gewohnheiten zieht und uns wachsen lässt.

Doch irgendwann kippt die Situation und aus Abenteuer und Neugier wird Überforderung und Pflichtgefühl, denn wer allem zustimmt, verliert nach und nach das Gespür dafür, was wirklich zu ihm passt und was ihm wirklich gefällt. Der Film endet mit einer simplen, aber wichtigen Erkenntnis: Nicht jedes Ja ist ein gutes Ja und manchmal beginnt das echte Leben mit einem klaren Nein.

Wann hast du das letzte Mal laut Nein gesagt? In einer Welt, die „Nichts ist unmöglich" und Dauerverfügbarkeit feiert, ist Nein ein Störfaktor, weil es viele automatisch als persönliche Ablehnung erleben. Das Gehirn macht daraus: *Ich bin nicht gewollt. Ich bin nicht wichtig. Ich genüge nicht.* Dabei sagt ein Nein in den meisten Fällen eher etwas über die eigenen Grenzen, Bedürfnisse, Kapazitäten oder Prioritäten aus. Es kann heißen:

- Ich habe gerade keine Energie.
- Ich brauche Zeit für etwas anderes.
- Das passt nicht zu mir.
- Ich kann das im Moment nicht leisten.

Da Zugehörigkeit für Menschen überlebenswichtig war und immer noch ist, fühlt sich Ablehnung wie Gefahr an, deshalb reagiert unser System immer noch evolutionär und folglich empfindlich. Evolution hin oder her, Nein sagen ist wichtig, um Grenzen zu setzen. Das macht dich weder weniger liebenswert noch egoistisch. Nur ein bisschen mehr du selbst. Also, ab heute feierst du das „Nein" als ein Akt der Selbstachtung und Selbstfürsorge. Denn Grenzen sind nicht *gegen* andere gerichtet, sondern *für* die Person, die sie setzt.

Die Krankheit namens „Gefallenwollen"

‚People Pleasing' – also das übermäßige Bedürfnis, es allen recht zu machen – klingt erstmal wie ein freundlicher Soft Skill. Als wäre man besonders gut darin, anderen den Tag zu verschönern. Dabei bedeutet es, ständig Ja zu sagen, obwohl man innerlich Nein schreit. Es heißt: **Konflikte vermeiden, Erwartungen erfüllen und bloß nicht anecken.** Für alle da sein, Hauptsache, niemand ist enttäuscht. Wer so lebt, pleased irgendwann alle, **nur sich selbst nicht.**

Wie bereits erwähnt, ist Gefallen wollen ein tief verankertes, erlerntes Überlebensmuster. Früher bedeutete Ausschluss Gefahr und Zugehörigkeit Schutz. Wer sich anpasste, blieb Teil der Gruppe und damit sicher. Heute bekommst du dafür vielleicht ein „Danke, dass du so flexibel bist" und einen Burnout. Auch unsere Erziehung spielt eine Rolle. Viele haben gelernt brav, hilfreich und freundlich zu sein – besonders, wenn du als Mädchen aufgewachsen bist. Freundlichkeit wurde zum Pflichtprogramm, fürs Unbequemsein bist du wenn's blöd lief im Sanatorium gelandet.

Und die Gesellschaft? Die belohnt uns immer noch für Angepasstheit, für Einsatz und fürs Funktionieren. Aber wer immer nur Ja sagt, verliert irgendwann den Kontakt zu sich selbst. Psychologische Forschung zeigt, dass Menschen mit unsicher-ängstlicher Bindung besonders stark Zustimmung suchen, um sich emotional sicher zu fühlen – selbst dann, wenn sie dafür die eigenen Bedürfnisse zurückstellen. (Mikulincer & Shaver, 2007).

Die Psychologie nennt das unsicher-ängstliche Bindung im Alltag klingt es eher wie: „Ich mach das schon, kein Problem", obwohl es sehr wohl ein Problem ist. Denn je mehr du dich danach richtest, wie andere dich wollen, desto weniger weißt du, wer du eigentlich bist.

Der Preis des Dauer-Ja

Wer ständig Ja sagt, verrät sich selbst in Raten. Es fängt mit kleinen Dingen an: einem verschobenen Feierabend, einem geschluckten Kommentar, einem „Klar, mach ich", obwohl du einfach nur müde bist. Du machst mit, du hilfst, du funktionierst und fragst dich irgendwann, ob du überhaupt noch weißt, was du selbst willst – außer mal in Ruhe gelassen zu werden. Dein Kalender ist voll. Du? Irgendwie leer.

Die Symptome des Dauer-Ja:

-   **Stress**, weil du ständig Dinge zusagst, die du eigentlich nicht willst.
-   **Selbstverlust**, weil du dich nur noch über das definierst, was du für andere bist und tust.
-   **Unsichtbarkeit**, weil du zwar überall dabei bist, aber nirgends wirklich du selbst.

Und in Beziehungen? Da bist du oft nicht Partner, sondern Dienstleister. Die nette, hilfreiche Person, die nie „zu viel" will und deshalb meist viel zu wenig bekommt.

Forschung zeigt, dass besonders hilfsbereite und zuvorkommende Menschen[5] ein erhöhtes Risiko für Erschöpfung und Burnout haben, vor allem dann, wenn sie nicht gelernt haben, Grenzen zu setzen (Journal of Occupational Health Psychology, 2010). Nett sein macht dich nicht krank, aber immer nett sein kann es.

Doch was wäre, wenn du plötzlich mal „unangenehm" wärst? Was, wenn du nicht von allen gemocht wirst? Was, wenn du Nein sagst und es bleibt trotzdem alles gut?

---

[5] Das nennt man Menschen mit hoher Verträglichkeit

Die People-Pleaser-Challenge:
Wie du lernst, unangenehm zu sein

Sag mal Nein. Oder noch besser: Sag Nein und bleib gelassen dabei. Das ist deine neue Mutprobe. Einfach freundlich Nein sagen und es aushalten. Klingt banal, ist es aber nicht.

People Pleaser sind nicht konfliktscheu, weil sie besonders nett sind, sondern weil sie sofort das Gefühl haben, etwas falsch zu machen, sobald jemand auch nur minimal enttäuscht schaut. Ihr Gehirn schlägt Alarm: *Du wirst abgelehnt! Du bist egoistisch! Jetzt mögen sie dich nicht mehr!* Willkommen im Kopf eines ‚Overthinkers', wo schon ein „Vielleicht" wie ein kleiner Weltuntergang wirkt.

Die gute Nachricht: People Pleasing ist ein Muster, das du gelernt hast. Quasi eine Konditionierung und die lässt sich wieder verlernen. Genau hier setzt die People-Pleaser-Challenge an. Sie besteht aus kleinen, unangenehmen Momenten, in denen du dich am liebsten rausreden würdest und trotzdem bleibst. Keine Sorge, du stirbst nicht, nur weil du mal nicht gefällst. Aber du merkst, dass du dich selbst aushalten kannst und andere dich auch.

Mini-Mutproben für deine Haltung:

- Sag drei Mal bewusst „Nein" bei Dingen, wo du sonst automatisch „Ja" sagen würdest.
- Sag „Nein" ohne Begründung. Nur „Nein, danke" und dann schweigen.
- Lass jemanden enttäuscht sein und repariere es nicht sofort.
- Sag deine Meinung, auch wenn sie nicht diplomatisch ist.
- Triff eine Entscheidung, ohne sie abzufedern, abzusprechen oder zu rechtfertigen.

Was passiert im Gehirn, wenn du dich traust?

Menschen, die soziale Situationen meiden, überschätzen oft die Gefahr und unterschätzen, was sie aushalten könnten. Das zeigt sich auch in der kognitiven Verhaltenstherapie. Forschung zur sogenannten ‚Exposition' – also dem bewussten Sich-Aussetzen angstauslösender Situationen – zeigt: Wer sich stellt, statt zu vermeiden, verändert nicht nur seine Reaktion, sondern langfristig sein Bewertungssystem (Foa & Kozak, 1986).

Wenn du Nein sagst, meldet sich dein System sofort. Der Puls steigt und der Kopf wird laut: *Das kommt nicht gut an. Gleich ist jemand enttäuscht.* Dein Körper registriert das als Stress, aber genau da passiert das Lernen. Wenn du etwas aushältst, statt auszuweichen, erlebt dein System etwas Neues:

- Dein Körper merkt: **Ich halte das aus.**
- Dein Kopf erkennt: **Ich bin nicht unhöflich, ich bin ehrlich.**
- Dein Selbstbild wächst: **Ich kann für mich ein einstehen.**

Neue Handlung → neue Erfahrung → neues Selbstbild.

Genau das nennt man **Selbstwirksamkeit**: die Erfahrung, dass dein Verhalten etwas bewirken kann. Der Psychologe Albert Bandura beschrieb dieses Phänomen bereits 1977. Selbstwirksamkeit ist das Vertrauen in die eigene Fähigkeit, mit Herausforderungen umzugehen. Die kognitive Verhaltenstherapie nutzt genau das. Kleine Handlungen, oft wiederholt, bis dein System lernt: Es ist nicht gefährlich, nur neu. Nein sagen fühlt sich erst falsch an, dann weniger falsch, dann richtig.

Wie man Nein sagt ohne „Sorry" hinten dran

Anne Lamott sagt: "No is a complete sentence." Und damit kommt der wichtigste Punkt zuerst: Du *darfst* Nein sagen. Das klingt einleuchtend, aber viele beginnen dann sich zu rechtfertigen, entschuldigen oder drum herumzureden. Du darfst einfach Nein sagen. Punkt.

Erst danach kommt die Frage nach dem **Wie**. Nicht, *ob* du Nein sagen darfst, sondern *wie* du es sagen willst. Denn es kann gleichzeitig bestimmt *und* freundlich sein. Das ist die eigentliche Kunst. Manche fragen: *Warum überhaupt freundlich sein?* Fairer Punkt. Freundlichkeit ist keine Pflicht, aber sie ist oft der eleganteste Weg, eine Grenze zu ziehen, ohne gleich eine Mauer hochzuziehen. Ein Nein muss nicht nett verpackt sein, aber es darf, wenn du willst.

So klingt ein ehrliches Nein:

- „Danke für die Einladung. Ich muss diesmal passen, aber ich wünsche euch viel Spaß!"
- „Ich mach das nicht und ich hoffe, du verstehst das. Wenn nicht, ist es auch okay."
- „Nicht heute. Vielleicht ein andermal, aber nur, wenn ich wirklich Lust habe."
- „Ich will ehrlich sein: Das passt gerade nicht für mich."

Und dann gibt es das klare Nein:
- „Ich will das nicht und ich erklär's auch nicht."
- „Ich spüre, dass es für mich nicht passt und das reicht mir als Grund."
- „Ich hab keine Lust und das muss ich nicht schönreden."

Diese Sätze sind nicht für jede Situation gedacht, sondern Notfall-Neins für Momente, in denen deine Grenze wichtiger ist als die Stimmung. Manchmal braucht es einfach weniger Diplomatie und mehr Direktheit, denn ein Nein steht nie im luftleeren Raum.

Natürlich gilt „Nein heißt Nein", aber es macht einen Unterschied, ob du jemandem absagst, der dich respektvoll eingeladen hat oder ob du dich gerade aus einer übergriffigen Situation befreien musst. Ein Nein landet immer in einem Kontext.

Hier kommt die soziale Intelligenz ins Spiel. Du unterscheidest zwischen deinem Bedürfnis und der Beziehung, in der du dich befindest. Ein Nein ist eine Information über dich, nicht automatisch ein Urteil über den anderen.

Gerade in Beziehungen, die dir wichtig sind, kann ein Nein ehrlich *und* empathisch sein. Empathie bedeutet in diesem Fall nicht, dich zu verbiegen, aber anzuerkennen, dass dein Nein beim anderen Gefühle auslösen kann – Enttäuschung, Frust oder Überraschung. Du bist nicht verantwortlich dafür, diese Gefühle zu verhindern, du kannst sie jedoch respektvoll behandeln. Zum Beispiel so: „Ich verstehe, dass dir das wichtig ist. Für mich passt es gerade trotzdem nicht." Beziehungen, die das nicht aushalten, waren sowieso nie so stabil, wie du vielleicht angenommen hast.

Die Wissenschaft des Nein-Sagens

Was viele nicht wissen: Menschen überschätzen regelmäßig, wie schlimm ein Nein wirklich ankommt und wie groß der gefühlte soziale Druck ist, überhaupt Nein zu sagen. Unser Kopf ist nicht objektiv, denn er bevorzugt Sicherheit, deshalb reagiert unser System empfindlich auf alles, was nach sozialem Risiko aussieht, also auch auf ein simples „Nein".

Die Psychologin Vanessa Bohns zeigte, dass wir die negativen Konsequenzen einer Zurückweisung systematisch überschätzen. Wir erwarten häufige Kränkung, Enttäuschung oder Ablehnung als empirisch beobachtbar ist (Bohns, 2016). Dieses Fehlurteil erklärt, warum so viele reflexhaft zustimmen, obwohl sie innerlich Widerstand spüren.

Auch die Forschung zu Durchsetzungsfähigkeit und Statuswahrnehmung liefert differenzierte Erkenntnisse. Personen, die klar und konsistent auftreten, werden häufig als kompetenter und führungsstärker wahrgenommen (Galinsky et al., 2003). Gleichzeitig zeigt sich, dass Menschen die sozialen Kosten von Durchsetzungsverhalten überschätzen und dessen positive Wirkung auf ihre Außenwahrnehmung unterschätzen (Ames, 2008). Arbeiten zu Selbstpräsentation und sozialer Wahrnehmung legen zudem nahe, dass konsistentes Verhalten Glaubwürdigkeit fördern kann (Flynn & Ames, 2006).

Ein ehrlich formuliertes Nein wird daher seltener als persönliche Zurückweisung interpretiert, als viele befürchten. Im Gegenteil, klare Kommunikation wird oft als respektvoll und professionell wahrgenommen.

Menschen vertrauen eher jemandem, der seine Grenzen kennt, als jemandem, der alles mitmacht und innerlich grollt.

Hinzu kommt ein weiterer theoretischer Rahmen: die ‚Selbstbestimmungstheorie'. Sie beschreibt Autonomie – also das Gefühl, selbst über das eigene Handeln bestimmen zu können – als eines unserer grundlegenden psychologischen Bedürfnisse (Deci & Ryan, 2000). Ein bewusst ausgesprochenes Nein kann dieses Autonomieerleben stärken, weil es selbstkongruentes Handeln ermöglicht.

Als mein Nein gelobt wurde

Beim ersten Nein fühlt sich das selten nach Freiheit an. Eher nach: *Bin ich jetzt unhöflich? Unkooperativ? Schwierig?* Ich erinnere mich an ein Projekt, in dem ich meinem Manager ziemlich oft widersprochen habe. Nicht patzig oder trotzig, nur klar „Nein, ich mach jetzt Feierabend" oder „Nein, das erledige ich morgen". Und ich war mir sicher, dass das im Feedbackgespräch auf mich zurückfallen würde. Zu wenig Einsatz, mangelnde Flexibilität, nicht ambitioniert – sowas eben.

Aber das Gegenteil war der Fall. Er lobte, dass ich klar meine Grenzen ziehe, mich schütze und auf meine Work-Life-Balance achte. Ich hätte nie erwartet, dass mein Nein als Stärke empfunden wird. In dem Moment hat es Klick gemacht: Mein Nein war kein Karrierekiller, wie ich befürchtet hate, sondern ein Zeichen von Kompetenz.

Und falls du gerade denkst, dir fehlen die richtigen Worte für ein klares Nein, keine Sorge. Angeblich gibt es mindestens 29 Möglichkeiten, Nein zu sagen, also nutze sie:

- „Auf keinen Fall."
- „Kommt nicht in Frage."
- „Nicht wirklich."

Und das sind nur die offensichtlichen. Ein Nein auszusprechen, ist der erste Schritt. Wie du reagierst, wenn's unbequem wird, kommt als Nächstes.

Wenn's menschlich schwierig wird,
bleib bei dir

„Ich bin nicht auf der Welt, um so zu sein,
wie andere mich haben wollen "

– Friedrich Nietzsche

"Don't set yourself on fire to keep others warm."

– Unbekannt

Vielleicht ist der Ursprung dieses Zitats unbekannt, weil die Person wusste, wie provokant – und gleichzeitig wahr – es ist. Hand aufs Herz: Wir alle waren schon mal menschliche Fackeln. Freiwillig entzündet für andere, während wir innerlich langsam verbrannten. Sei es aus Höflichkeit, aus Angst vor Ablehnung oder einfach, weil wir in dem Moment gar nicht anders konnten.

Es ist ironisch, wie gut wir darin sind, unsere eigenen Bedürfnisse zu relativieren, während wir die Launen, Erwartungen und manchmal sogar die Dreistigkeiten anderer mit größtem Verständnis behandeln. Wir lächeln tapfer, bleiben freundlich, nicken verständnisvoll und denken innerlich: *Was zur Hölle passiert hier gerade eigentlich?* Und trotzdem machen wir einfach weiter. Hauptsache nicht unangenehm auffallen.

Aber mal ehrlich: Was ist das Schlimmste, das passieren kann? Dass jemand denkt, du seist ein Arsch oder dich eine Zicke nennt? Oder dass du schwierig, unhöflich oder vielleicht sogar unsympathisch rüberkommst? Ist das tatsächlich schlimmer, als ständig dich selbst zu übergehen?

Hier kommt die gute Nachricht: Du allein entscheidest, wie viel Macht du unangenehmen Kommentaren, unfairen Vorwürfen oder provokanten Gesprächspartnern gibst. Deine Energie gehört dir und du bestimmst, wem oder was du sie schenkst.

Dieses Kapitel zeigt dir, wie du genau das schaffst: ruhig zu bleiben und dich nicht emotional in Brand setzen zu lassen, selbst wenn andere schon das Streichholz gezückt haben. Du musst nicht immer die freundlichste, verständnisvollste oder entspannteste Person im Raum sein.

Verbalfeuer: Wenn Menschen unfair werden

Wir kennen sie alle: diese Momente, in denen uns jemand scheinbar beiläufig, aber doch gezielt, einen kleinen Seitenhieb verpasst. Ob passiv-aggressive Spitzen beim Familienessen, subtile Kommentare im Büro oder unverblümte Kritik vor Publikum, der Effekt ist immer derselbe: unangenehm. Der Puls steigt, das Gesicht wird heiß, und plötzlich fühlen wir uns klein, verletzlich und gleichzeitig irgendwie wütend – auf eine hilflose Art.

Doch warum fällt es uns so schwer, in solchen Momenten ruhig und souverän zu bleiben? Weil solche Situationen unsere emotionalen Trigger treffen, also genau die wunden Punkte, Unsicherheiten und alten Geschichten, die wir lieber gut verpackt glauben. Wir geraten innerlich ins Wanken, während wir äußerlich versuchen, die Fassung zu bewahren. Und genau dieser Stress macht uns entweder sprachlos oder überreaktiv.

Ich erinnere mich gut, wie ich früher reagierte, wenn jemand mich vor anderen kritisierte. Ich wurde entweder totenstill oder verfiel in Rechtfertigungen. Einmal, nach einer besonders unangenehmen Bemerkung einer Kollegin („Ich kenne Kollegen mit weniger Berufserfahrung, die eigene Teams leiten"), verbrachte ich die Mittagspause weinend auf der Toilette und googelte: *Wie wirke ich souveräner?* Überraschung: Google half nicht wirklich.

Heute – mit etwas Abstand, Übung und einer Portion Humor – gelingt es mir meistens besser, mich davon abzugrenzen. Anstatt emotional darauf anzuspringen, versuche ich die Situation nicht unmittelbar persönlich zu nehmen. Dabei hilft ein trockener und gelassener Satz meist mehr als jede Rechtfertigung. Statt mir Selbsthilfetipps reinzuziehen, wie ich souveräner wirke, würde ich heute einfach antworten: „Mensch toll, dann lass sie doch den Job machen."

Es gibt ein bekanntes Sprichwort: „Was Hans über Peter sagt, sagt mehr über Hans als über Peter". Sticheleien, Lästereien oder überhebliche Kommentare erzählen oft mehr über die innere Welt der sprechenden Person als über ihr Gegenüber.

Mini-Infobox: Warum sticheln Menschen eigentlich?

Selbstwertregulation durch Abwertung

Menschen mit unsicherem Selbstwertgefühl vergleichen sich stark mit anderen. Indem sie andere abwerten und klein machen können sie ihr eigenes Selbstbild kurzfristig stabilisieren. In der Sozialpsychologie spricht man von ‚sozialen Vergleichsprozesse' (Festinger, 1954).

Macht- und Statusdynamiken

Gezielte Provokationen können subtile Machtdemonstrationen sein. Gerade in Gruppen oder hierarchischen Kontexten dienen solche Kommentare dazu, den eigenen Status zu markieren oder Unsicherheit beim Gegenüber zu erzeugen (Tepper, 2000).

Emotionale Unreife und Projektion

Wer keinen konstruktiven Umgang mit eigenen Unsicherheiten gelernt hat, externalisiert sie häufig. Statt innere Spannung zu reflektieren, wird sie nach außen verlagert, oft in Form von Kritik oder Sticheleien.

Was macht das mit uns?

Automatische Stressreaktion:

Unser Nervensystem unterscheidet nicht besonders fein zwischen sozialer Bedrohung und physischer Gefahr. Es aktiviert evolutionär alte Schutzprogramme wie **Angriff** (Fight), **Flucht** (Flight) oder **Erstarrung** (Freeze). Manche Modelle ergänzen auch Anpassungsreaktionen (Fawn), also übermäßige Beschwichtigung.

Emotionaler Kurzschluss:

In Stressmomenten übernimmt die Amygdala – unser emotionales Alarmsystem – schneller das Steuer als der vernünftige Teil unseres Denkens. Wir reagieren, bevor wir reflektieren können. Deshalb fallen uns schlagfertige Antworten oft erst unter der Dusche ein.

Kurz gesagt: Wenn dich solche Kommentare triggern, bist du nicht „zu sensibel". Dein System reagiert auf wahrgenommenen sozialen Druck. Du kannst jedoch lernen zwischen Auslöser und Reaktion einen kleinen inneren Abstand zu gewinen und genau dort bewusst zu entscheiden.

Optional emotional: Kann man machen, muss man aber nicht

Emotionale Angriffe sind wie Thermomix: Du versuchst, dich dagegen zu wehren, aber wirst überall damit konfrontiert. Der Unterschied ist: Du musst nicht mitmachen. Gefühle sind oft schwer zu kontrollieren, deine Reaktion darauf dagegen nicht. Du sollst nicht *nichts* fühle, aber du sollst auch nicht sofort vom ersten Impuls gesteuert werden. Wenn du in schwierigen Momenten innerlich einen Schritt zurücktrittst, handelst du klarer statt reflexhaft zu reagieren.

Emotionale vs. sachliche Ebene – der entscheidende Unterschied

Wenn Menschen sticheln oder provozieren, sprechen sie selten nur über die Sache. Meist senden sie eine Botschaft auf der Beziehungsebene: Kritik, Bewertung, Abwertung oder Überlegenheit. Sobald du emotional reagierst, bist du mitten im Spiel. Bleibst du hingegen sachlich, entziehst du dem anderen das Spielfeld.

Der Psychiater und Neurologe Viktor Frankl formulierte es so: „Zwischen Reiz und Reaktion liegt ein Raum. In diesem Raum liegt unsere Macht, unsere Reaktion zu wählen. In unserer Reaktion liegen unser Wachstum und unsere Freiheit." Genau diesen Raum kannst du trainieren und zwar indem du wahrnimmst, was gerade passiert, ohne dich sofort hineinziehen zu lassen. Wenn du innehältst, beobachtest und erst dann antwortest, gestaltest du deine Reaktion bewusst. Und jetzt wird's praktisch, denn hier kommen zwei simple, aber wirkungsvolle Strategien, mit denen du diesen inneren Raum in Echtzeit aktivieren kannst.

Hack 1: Die ‚3-Meter-Abstands-Regel'

Was? Eine mentale Visualisierungstechnik, mit der du dich innerlich aus einer emotionalen Situation herausziehst.

Wie? Stell dir vor, du stehst einer Person gegenüber, die dich gerade verbal angreift. Statt dich zu verteidigen, trittst du in deiner Vorstellung drei Meter zurück. Dein Gehirn wechselt vom Bewertungs- in den Beobachtungsmodus. Genau dadurch gewinnst du Zeit und Raum für eine bewusste Antwort.

Was sie bewirkt?
- Du unterbrichst das automatische Reagieren
- Du gewinnst ein paar Sekunden Denkzeit
- Du erinnerst dich: *Ich entscheide, nicht mein Ärger*

Hack 2: Die ‚Mentale Beobachter-Technik'

Was? Während die die Technik davor über ein bildliches „Zurücktreten" funktioniert, gehst du mental hier einen Schritt höher, indem du zum Beobachter deiner eigenen Reaktion wirst. Dies hilft dir nicht nur, Abstand zu schaffen, sondern die Situation aktiv zu reflektieren.

Wie? Versetze dich in die Rolle eines neutralen Beobachters. Statt „Wie kann er das sagen?!" denkst du: „Ah, interessant, mein Puls geht hoch. Ich spüre Wut. Jemand hat gerade eine Grenze überschritten." Allein dieses innere Benennen („Ich bin gerade wütend") reduziert die Intensität der Emotion.

Was sie bewirkt?
- Du erkennst, wenn du emotional wirst und kannst gegensteuern.
- Du bleibst handlungsfähig, selbst unter Druck.
- Du gewinnst wieder Kontrolle.

Diese beiden Techniken sind einfach, aber mächtig und du kannst sie jederzeit aktivieren. Je öfter du sie anwendest, desto automatischer funktionieren sie, selbst wenn um dich herum Drama statt Dialog läuft.

In der Ruhe liegt die Macht

„How people treat you is their karma; how you react is yours."
– Wayne Dyer

Und genau darum geht's jetzt: Deine Reaktion ist nicht nur ein Reflex, sie ist eine Entscheidung, nämlich deine. Ob du mitspielst, konterst oder einfach ruhig bleibst, passiert nicht automatisch. Du kannst steuern, wie viel Raum du einem Kommentar gibst und wie viel davon bei dir landet. Und weil kein Tag wie der andere ist, kannst du dir ein kleines Repertoire an Reaktionen zulegen – für Tage, an denen du souverän, schlagfertig oder einfach nur unbeteiligt bleiben willst:

1. **Ignorieren und bewusst drüberstehen**

    Nicht aufgeben, sondern erkennen, dass es den Stress einfach nicht wert ist. Nicht jeder Ball, der dir zugespielt wird, muss zurückgespielt werden.

2. **Der charmante Konter**

    Mit Humor, Leichtigkeit oder einem leicht ironischen Kommentar. Zum Beispiel: „Danke für deinen Beitrag, ich denk nochmal drüber nach."

    Du gehst zwar nicht in die Verteidigung, aber tust auch nicht so, als wäre nichts passiert.

3. **Klarstellung auf Augenhöhe**

    Ruhig, klar und respektvoll, ohne dich zu rechtfertigen: „Danke für deine Meinung. Ich sehe das anders."

Bonus-Tipp: Der einfachste Macht-Move bei Provokationen

Es gibt Tage, da willst du nicht diskutieren, kontern oder drüberstehen. In solchen Momenten kannst du den Ball einfach zurückspielen. Wie? Mit einer einfachen Frage: „Wie meinst du das?"

Diese Frage wirkt wie ein Spiegel, da sich die andere Person plötzlich erklären muss und das kann unbequem werden. Oft merken Menschen dann selbst, wie unfair oder übergriffig ihr Kommentar war.

Was diese kleine Frage bewirkt:

- Du bleibst ruhig und souverän.
- Du zwingst den anderen aus der Deckung, weil du die Verantwortung zurückgibst.
- Du verschaffst dir Zeit, Abstand und Kontrolle, ohne emotional zu werden.

Nachbeben: Wie du dich selbst wieder regulierst

Die Situation ist längst vorbei, aber dein Nervensystem hat das Memo noch nicht bekommen. Dein Kopf spielt das Gespräch in Endlosschleife, deine Schultern sind noch angespannt, und dir fällt der neunte gute Konter ein. Willkommen im emotionalen Nachbeben. Hier geht's nicht mehr um die Reaktion im Moment, sondern um das Danach, also um Regeneration. Dabei können dir Techniken helfen, wieder runterzukommen, dich zu erden und dich selbst zu beruhigen. Denn dein Körper unterscheidet schlecht zwischen einem echten Angriff und einem unangenehmen Gespräch. Er war auf Alarm und braucht jetzt ein Signal, dass alles wieder gut und die Gefahr vorbei ist.

Soforthilfe für innere Stabilität

Erdung über den Körper:
Stell dich – wenn möglich barfuß oder ohne Schuhe – auf den Boden und spür bewusst deine Füße. Lenke deine Aufmerksamkeit in die Fußsohlen. Klingt simpel, aber wirkt sofort, weil dein Nervensystem über Körperwahrnehmung reguliert wird.

Atmung regulieren:

Atme vier Sekunden ein, sechs Sekunden aus. Das längere Ausatmen signalisiert deinem System Entspannung. Zwei Minuten reichen bereits.

Fokus verschieben:

Richte deine Aufmerksamkeit auf etwas völlig Nebensächliches:

- Wie viele weiße Dinge siehst du im Raum?
- An welchen Körperstellen spürst du deinen Stuhl?
- Wie fühlt sich dein Atem in der Nase an?

Je mehr der Fokus nach außen wandert, desto ruhiger wird's im Kopf.

Inneres Mantra:

Ein kurzer Satz kann dein System erden:

Ich atme. Ich bin da. Das ist genug.

(Oder auch: *Nicht mein Zirkus, nicht meine Affen.*)

Mini-Übung: Dein persönlicher Schutzschild

Wie? Schließ kurz die Augen und stell dir vor, wie du von einer unsichtbaren Hülle umgeben bist. Ein Schutzfeld, das alles abblockt, was dir nicht guttut. Mit jedem Ausatmen wird dieses Schild stärker.

Wieso funktioniert das? Klingt erstmal befremdlich, ist aber reine Neuropsychologie: Unser Gehirn reagiert stark auf innere Bilder. Visualisierungen können körperliche Stressreaktionen messbar senken, weil dein System zwischen Vorstellung und Realität nicht so klar trennt, wie du denkst.

Was banal klingt, ist wissenschaftlich gut belegt: Studien zeigen, dass Atemtechniken, Fokusverlagerung und kurze Selbst-Affirmationen dein Nervensystem effektiv beruhigen (z. B. Gross, 2014; Creswell, 2005). Manchmal reicht weniger, als du denkst, um dich selbst wieder zu regulieren – ein tiefer Atemzug und ein klarer Gedanke können schon helfen.

Ich reagiere später. Vielleicht.

Du musst kein erleuchteter Buddha sein, um nicht auf jeden Reiz sofort zu reagieren. Es ist nämlich nicht erstrebenswert, alles herunterzuschlucken oder so zu tun, als würde dich nichts berühren. Dauerhaft unterdrückte Emotionen können sich körperlich bemerkbar machen – von Verspannungen und Schlafproblemen bis hin zu stressbedingten Beschwerden. Versuche daher, dich selbst ernst zu nehmen und nicht auf jede Provokation anzuspringen. Am Ende zählt weniger, was andere gesagt oder getan haben, als die Frage, wie du mit der Situation (und auch dir selbst) umgehst, wenn sie vorbei ist. Wie du reagierst, beeinflusst mehr als den Moment selbst. Es wirkt langfristig auf dein Nervensystem, deine Energie und dein Selbstgefühl.

Emotionale Abgrenzung bedeutet nicht das Abstellen jeglicher Gefühle. Sie bedeutet bewusst zu entscheiden, was du mit ihnen machst. Und jedes Mal, wenn du innerlich sagst „Nicht heute, nicht so, nicht mit mir", rettest du nicht nur deinen Tag, sondern schützt auch deine Würde.

Und falls du's mal nicht schaffst, cool zu bleiben? Wenn du doch reagierst, dich ärgerst oder später denkst „Das hätte ich besser machen können", keine Panik, auch dafür gibt's kein Drama, nur das nächste Kapitel.

Stillstand

Was tun, wenn's peinlich lief
(Spoiler: Nix Großes)

„Wer keinen Mut zur Peinlichkeit hat,
hat keinen Mut zur Wahrheit."

– Max Frisch

Okay, du warst also *nicht* die Ruhe selbst. Herzlichen Glückwunsch, du bist offiziell menschlich. Ich nehme an, wir alle kennen dieses Gefühl: Scham und damit verbunden der Wunsch, einfach im Erdboden zu versinken. Aber hey, du musst nicht gleich wegrennen. Du kannst auch einfach stehen bleiben und schmunzeln. Peinlichkeit mag sich zunächst wie ein Weltuntergang anfühlen, aber sie ist auch oft der Moment, an dem wir echt sind. Und manchmal auch: am witzigsten.

Scham ist ein soziales Gefühl. Psychologen beschreiben sie als das Gefühl, das auftritt, wenn unser Selbstbild mit dem kollidiert, was wir glauben, dass andere von uns denken. Oder denken *könnten*. Oder vielleicht nie gedacht haben. Aber Vorsicht, unser Gehirn ist da sehr kreativ.

Und jetzt der Fun Fact (bzw. un-fun, wenn du grad mittendrin steckst):

Scham aktiviert ähnliche Hirnregionen wie körperlicher Schmerz, unter anderem den anterioren cingulären Cortex. Kein Wunder also, dass wir sie um jeden Preis vermeiden wollen. Sie fühlt sich real und bedrohlich an.

Aber genau da liegt der Denkfehler: Peinlichkeit ist nicht wirklich gefährlich, sondern fühlt sich bloß so an. Und wenn du dich traust, sie nicht zu verstecken, sondern charmant mit ihr umzugehen, passiert etwas Tolles: Du wirst verbindlicher, sympathischer und nahbarer. Denn Menschen vertrauen eher jemandem, der über sich selbst lachen kann, als jemandem, der krampfhaft perfekt wirken will. Oder anders gesagt:

Wenn du lachst, lacht die Welt mit dir. Wenn du dich schämst, merkst du: Niemand hat's gesehen.
– Frei nach Wahrheit

Wissenschafts-Facts zur Scham & Peinlichkeit

Bevor wir ins echte Leben zurückspringen, lohnt sich ein kurzer Blick darauf, warum sich Scham so real anfühlt und warum das völlig normal ist.

Scham ist evolutionär und überlebenswichtig

Aus Sicht der Evolutionspsychologie half Scham unseren Vorfahren, ihr Verhalten an Gruppennormen anzupassen (Paul Gilbert, 1998). Wer sich komplett daneben benahm, riskierte früher den Ausschluss aus der Gruppe und damals bedeutete das: kein Schutz, kein Feuer, kein Essen. Kein Wunder also, dass unser System bei sozialer Blamage sofort Alarm schlägt.

Scham fühlt sich an wie echter Schmerz

Sozialer Schmerz aktiviert ähnliche Hirnregionen wie körperlicher Schmerz, insbesondere Bereiche, die für die Verarbeitung von Leid zuständig sind (Eisenberger & Lieberman, 2004). Wenn sich Scham also „schmerzhaft" anfühlt, tut sie das neurologisch tatsächlich ein Stück weit.

Peinlichkeit ist Empathie in Echtzeit

Dass dir etwas unangenehm ist, zeigt, dass du dich in andere hineinversetzen kannst und dass dir soziale Verbindung wichtig ist (Leary, 2007). Scham ist also kein Defizit, sondern ein Zeichen sozialer Intelligenz.

Der Spotlight-Effekt

Wir überschätzen massiv, wie sehr andere auf uns achten (Gilovich, Medvec & Savitsky, 2000). Ein Klassiker: Du stolperst über einen Bordstein und bist dir sicher *Oh Gott, alle haben's gesehen!* Die Realität? 90 % der Leute haben's nicht mal bemerkt. Sie dachten über ihr Mittagessen nach.

Warum Peinlichkeit charmant sein kann

Nach der sogenannten ‚Benign Violation Theory' finden wir Dinge lustig, wenn sie gegen Erwartungen oder soziale Regeln verstoßen, **aber** nicht wirklich bedrohlich sind (McGraw & Warren, 2010). Peinlichkeit liegt oft genau dazwischen: Regelbruch ja, Bedrohung nein. Wenn du darüber lachst, wird's nicht peinlich, sondern witzig.

Warum wir über peinliche Momente lachen dürfen

Keine Sorge, es bleibt nicht bei *Aua, das tut weh*. Es gibt auch eine gute Nachricht und die heißt: Lachen. Humor entsteht oft genau dort, wo Erwartungen und Realität aufeinanderprallen: Du planst was Cooles und lieferst Chaos. Dieser kleine Bruch zwischen „So sollte es laufen" und „So läuft es wirklich" ist eine der Hauptquellen für Humor.

Und damit willkommen in der Zone der ‚Inkonsistenz' – einer der Hauptgründe, warum wir überhaupt lachen können. Denn, unser Gehirn liebt Überraschungen, also auch diese kleinen Regelbrüche, wo etwas nicht zusammenpasst.

Manchmal merken wir erst im Nachhinein: *War doch gar nicht so schlimm.* Die Forschung spricht hier von einer Art Fehlalarm: Erst denkst du, du bist sozial untergegangen, dann stellst du fest: Niemand hat's wirklich bemerkt, falscher Alarm. Entspannung folgt. Lachen meist auch.

Aus diesem Grund ist ein peinlicher Moment nicht das Ende, sondern ein Einstieg. Denn jedes Mal, wenn du über dich selbst schmunzeln kannst, zeigst du etwas, das viel stärker wirkt als Perfektion: echte Menschlichkeit. Perfekte Menschen mögen beeindrucken, aber unperfekte Menschen verbinden.

Kurz gesagt: Dein peinlicher Moment ist die Eintrittskarte, Lachen ist die Belohnung.

Humor: Dein soziales Viagra

Wenn Lachen die Belohnung ist, dann ist Humor dein Ass im Ärmel. Einerseits, um selbst locker zu bleiben, andererseits, um alle anderen gleich mitzunehmen. Wenn Gespräche steif werden, bringt Humor wieder Leben in die Bude. Ein guter Lacher lockert die Atmosphäre und bevor du's merkst, läuft die soziale Interaktion wieder wie geschmiert.

Sorry fürs Kopfkino, aber ja: Humor ist das Gleitgel der sozialen Interaktion. Statt innerlich zu erstarren, kommst du wieder ins Fließen. Und genau das macht dich nicht nur entspannter, sondern auch sympathischer.

Also keine Angst vor schiefen Momenten. Ein guter Lacher wirkt manchmal besser als jeder ausgeklügelte Fluchtversuch. Ein guter, selbstironischer Moment zeigt:

- Ich nehme mich selbst nicht zu ernst.
- Ich komme klar, auch wenn's kurz unangenehm wird.
- Ich erwarte nicht Perfektion, weder von mir noch von anderen.

Ein ehrliches Lachen ist die eleganteste Antwort auf kleine zwischenmenschliche Pannen.

Kleiner Servicehinweis: Bitte situationsgerecht anwenden. Beerdigungen, Scheidungsverhandlungen und Kündigungsgespräche sind eher fortgeschrittenes Level.

Cringe zum Anfassen: Die Managerin und ich

Und weil Theorie schön und gut ist, aber nichts so sehr überzeugt wie gelebte Peinlichkeit, hier mein persönlicher Beitrag zum Thema: Wie ich zwei Managerinnen spontan umarmte und überlebte. Es war dieser typische Moment, in dem zwei soziale Codes frontal kollidieren. Sie wollte mir auf die Schulter klopfen, ich war überzeugt, sie will mich umarmen. *Sie,* das war übrigens meine oberste Vorgesetzte. Und wie reagiert man, wenn man schon halb im Umarmungsmodus ist? Man zieht durch.

Ich habe sie einfach umarmt. Nicht unangenehm lange, aber auch nicht kurz genug, damit man so tun konnte, als wäre es nie passiert. Und dann kam eine weitere Managerin in die Runde. Ich hatte die Wahl aus meinem Fehler zu lernen. Stattdessen habe ich sie auch direkt umarmt. Konsequent ist konsequent. Lieber bin ich die, die alle umarmt, als die mit der *einen* seltsamen Umarmung.

War das peinlich? Definitiv ja. War es ein Icebreaker, weil ich jedem erzählt habe, was mir gerade passiert ist? Ebenfalls ja. Und plötzlich war ich: die mit dem Mut, den peinlichem Moment mit Humor zu sehen. Wie sagt man so schön? Humor ist, wenn man trotzdem lacht.

Durchziehen statt Zurückrudern

Der Moment war da, die Scham war da und dann kommt die Entscheidung: peinlich berührt zurückrudern oder würdevoll durchziehen? Klare Antwort: Durchziehen lohnt sich, denn oft wird es erst dann richtig unangenehm, wenn du versuchst, so zu tun, als wäre nichts passiert.

Wenn du schon mittendrin steckst, hast du zwei Optionen:

1. Du versuchst, den Moment unsichtbar zu machen, was fast nie gelingt.
2. Du stehst dazu. Mit Würde, Humor, vielleicht sogar ein bisschen Stolz.

Das Prinzip ist simpel: Wenn's schon unangenehm ist, dann wenigstens mit Haltung. Kein Mensch erinnert sich an die kleine Panne. Was hängen bleibt, ist deine Reaktion in dem Moment.

Und glaub mir, jeder hat schon mal was Peinliches gemacht. Die meisten reden nur nicht drüber, aber das sollten sie, denn genau darin liegt die Kraft: Peinlichkeit ist kein soziales Todesurteil, sie kann sogar verbinden. Niemand wird sich daran erinnern, wie sozial angepasst du auf einer Veranstaltung warst. Aber wer denkt nicht gerne an die Momente zurück, in denen etwas Lustiges oder Unerwartetes passiert ist?

Theorie-Time: Warum Cringe verbindet

Warum ist das so? Warum bringt es mehr, zu einem peinlichen Moment zu stehen, als ihn zu verstecken? Weil peinlich nicht gleich peinlich ist. Was sich für dich wie der Weltuntergang anfühlt, wirkt auf andere einfach nur menschlich. In der Psychologie gibt es dafür sogar einen Namen: ‚**Benign Violation Theory**‘ – frei übersetzt: ‚harmloser Regelbruch‘.

Die Idee dahinter: Etwas wird als lustig oder verbindend erlebt, wenn es eine soziale Regel leicht verletzt, aber niemandem wirklich schadet. Und was ist ein besseres Beispiel dafür als eine missglückte Umarmung?

Solange Peinlichkeit nicht gefährlich oder verletzend ist, kann sie Nähe erzeugen, vor allem dann, wenn du nicht versuchst, dich herauszuwinden, sondern locker damit umgehst. Die Leute lachen dann nicht *über* dich, sondern *mit* dir.

Dazu kommt noch ein weiterer sozialpsychologischer Effekt: ‚**Selbstoffenbarung**‘ – auch unbeabsichtigte – schafft Nähe. Wenn du zeigst, dass du nicht perfekt bist und dich selbst nicht zu ernst nimmst, fühlen sich andere sicherer in deiner Gegenwart. Du wirkst greifbarer und oft auch sympathischer.

Peinlich wird es meist erst dann richtig, wenn du selbst ein Drama daraus machst. Wenn du's dagegen einfach stehen lässt – oder besser: drüber lachst – verwandelst du einen potenziell unangenehmen Moment in einen sympathischen. Du nimmst die Spannung raus, gewinnst Sympathie und zeigst: Ich steh drüber. Genau das wirkt stärker als jede makellose Performance.

Bonus: Was tun, wenn du verloren bist

Und falls du jetzt denkst: Alles schön und gut, aber was, wenn ich wirklich nicht mehr weiterweiß und wohin mit mir? Denn manchmal hilft selbst der beste Witz nicht, du stehst einfach verloren da.

Hier ein paar Optionen, um trotzdem charmant aus der Situation zu kommen:

Die ehrliche Karte

„Okay, ich habe komplett den Faden verloren. Du musst mir bitte helfen."
(Meistens gibt's dafür ein erleichtertes Lachen.)

Der sanfte Themenwechsel

„Apropos, hast du eigentlich schon mal erlebt, dass…"
(Elegant umlenken, ohne die Peinlichkeit zu betonen.)

Der humorvolle Fluchtweg

„Gut, dass ich nicht fürs soziale Feingefühl bezahlt werde."
(Lachen, schmunzeln und weitermachen.)

Der sanfte Abgang

„Ich hol mir noch schnell was zu trinken. Sehen wir uns gleich wieder?"
(Keine Erklärungsschleife nötig.)

Wichtig: Verloren sein heißt nicht, dass du gescheitert bist. Es heißt nur, dass dein Gehirn kurz neu sortiert. Plan B ist immer noch ein Plan und den kannst du ziehen: mit Humor und notfalls einer Fluchtstrategie.

Challenge zum Schluss

Okay. Theorie hast du, Beispiele hast du, Notfallstrategien auch. Fehlt nur noch eins: ausprobieren.

Hier kommt deine Challenge. Erzähl jemandem eine peinliche Story. Wähle selbst, wie mutig du sein willst:

- **Level 1:** Erzähl sie einer Person, bei der du dich sicher fühlst.
- **Level 2:** Bring sie in ein Gespräch ein, das dir eigentlich zu ernst vorkommt und beobachte, was passiert.
- **Level 3** (Endgegner-Edition): Teil sie auf Social Media. Und ja, ruhig mit Hashtag #schulterklopfergate oder ähnlich.

Bonus-Punkte: Gib deiner Story einen dramatischen Titel. Sowas wie „Die Jahrhundertumarmung, die niemand wollte".

Was du heute als Makel siehst, wird morgen die Geschichte sein, die nur du erzählen kannst. Genau das macht dich unverwechselbar. Deine peinlichen Momente sind nicht deine Schwäche, sie sind dein Markenzeichen. Verabschiede dich von der Idee, perfekt sein zu müssen, denn es läuft selten alles reibungslos. Umso besser, wenn du drüber lachen kannst.

Wenn du das kannst, wirst du auch anders mit deinen Gefühlen umgehen – sie wahrnehmen, sie aushalten, und manchmal sogar für dich nutzen. Gefühle sind wie Gäste: manchmal unangekündigt, manchmal unhöflich, manchmal überraschend herzlich. Sie bleiben eine Weile und ziehen wieder weiter. Gefühle kommen. Gefühle gehen. Du bleibst.

Im nächsten Kapitel schauen wir uns genau das an: Wie du mit Gefühlschaos klarkommst, ohne selbst zum Chaos zu werden.

Kapitel-Skills: Regulation & Emotionale Selbstregulation

Gefühle, aber souverän

"Feelings are visitors.
Let them come and go."

– Mooji

Warum fühlen wir eigentlich? Schmerz, Angst, Wut, Freude– all diese Zustände hatten evolutionär eine Aufgabe: **uns zu schützen, warnen, mobilisieren, verbinden oder generell zum Handeln zu bewegen.** Und Gefühle sind schnell. Sie entstehen oft, bevor du überhaupt einen klaren Gedanken fassen kannst.

Und was ist mit Scham? Die hat früher unsere Zugehörigkeit gesichert. Wer gegen soziale Normen verstieß und aus der Gruppe ausgeschlossen wurde, hatte früher schlechte Überlebenschancen. Heute motiviert sie uns, unser Verhalten anzupassen. Wenn wir merken, dass etwas peinlich oder unangebracht war, lernen wir daraus. Ohne Scham gäbe es weniger Rücksicht und Selbstreflexion. Menschen mit stark eingeschränkter Schamfähigkeit zeigen sogar oft antisoziale Tendenzen.

Doch so hilfreich diese Gefühle früher waren, machen sie uns heute das Leben manchmal schwerer anstatt leichter. Wir leben in einer Zeit permanenter Bewertung, daher gibt kaum noch Räume, in denen wir uns nicht irgendwie gemessen fühlen. Dennoch solltest du Gefühle nicht unterdrücken. Daher wird dieses Kapitel … gefühlvoll.

Wenn dein Leben ein Film wäre, wären deine Emotionen der Soundtrack dazu, aufgeführt von einem inneren Orchester: manchmal harmonisch, manchmal schräg, manchmal einfach zu laut. Und du? Du wärst der Dirigent – nur ohne Taktstock. Und was passiert mit einem Orchester ohne Führung? Es gerät aus dem Takt.

Hier geht's nicht mehr um schwierige Gesprächspartner, schiefe Kommentare oder Provokation. Dieses Kapitel ist dein Backstage-Pass zu dir selbst, quasi ein Blick hinter die Kulissen deiner inneren Dynamik.

‚Emotionale Selbstregulation' klingt nach Therapeuten-Sprech, ist aber ziemlich nützlich: die Fähigkeit, wahrzunehmen, was in dir passiert, ohne sofort davon gesteuert zu werden. ‚**Emotionale Selbstführung**' geht noch einen Schritt weiter, sprich Gefühle werden nicht nur reguliert, sondern bewusst genutzt. Wer das kann, wirkt gelassener, klarer und präsenter. Das kannst du auch. Und genau hier fangen wir an – mit einem Blick auf den Dirigentenstuhl in dir. Bereit für deinen ersten Einsatz?

Wenn dein Körper schneller merkt, dass was los ist

Dein Körper ist dein eingebautes Frühwarnsystem, du musst ihn nur lesen lernen. Noch bevor dein Kopf „Oh nein" denkt, hat dein Körper längst reagiert: Herzklopfen, Magenziehen, heiße Ohren, trockener Mund. Dein System bereitet sich vor. Vielleicht hast du bisher versucht, solche Symptome einfach „wegzuatmen" oder dich zu erden. Und weißt du was? Gar kein schlechter Instinkt. Atmen ist kein Zaubertrick, aber ein klares Signal an dein Nervensystem: *Keine akute Gefahr. Wir können ruhig bleiben.*

Heute gehen wir einen Schritt weiter. Wir lernen, die ersten Töne zu hören, bevor das ganze Orchester loslegt. Diese körperlichen Reaktionen kannst du zwar nicht komplett verhindern, aber du kannst lernen, sie früh zu erkennen.

Dein Frühwarnsystem aktivieren

Achte auf kleine, frühe Signale:

- **Spüren:** Gibt es irgendwo Druck (Brust, Hals, Bauch)?
- **Beobachten:** Wird deine Atmung schneller oder flacher?
- **Bewegung bemerken:** Will dein Körper sich rühren (Fußwippen, Zappeln, Kiefer anspannen)?

Je früher du diese Mini-Signale erkennst, desto einfacher ist es, später ruhig zu bleiben, weil du verstehst: *Ah, mein Körper bereitet sich auf etwas vor, aber ich muss nicht automatisch mitmachen.*

Übung 1: Dein persönliches Körperprotokoll

Lerne deine typischen Warnzeichen kennen.

1. Was spürst du als Erstes, wenn du nervös, wütend oder traurig wirst?
2. Wo im Körper sitzt das Gefühl?
3. Gibt es typische Warnzeichen, auf die du in Zukunft achten willst?

Beispiele:
- **Nervosität**: trockener Mund, Fußwippen.
- **Wut**: heißer Kopf, geballte Fäuste.
- **Traurigkeit**: Kloß im Hals, schwere Schultern.

Je besser du dein eigenes Frühwarnsystem kennst, desto seltener überrascht es dich und desto leichter bleibt dein inneres Orchester in Takt.

Warum das funktioniert: Forscher haben gezeigt: Schon das bewusste Beobachten eines Gefühls – etwa „Ah, mein Herz rast gerade" – schafft Abstand zwischen Reiz und Reaktion. Mehr Abstand bedeutet mehr Wahlmöglichkeiten. Oder einfacher gesagt: Wer sein Gefühl beobachtet, statt sofort mitzuspielen, bleibt der Dirigent, nicht das Drama (Kross & Ayduk, 2017).

Übung 2: Body-Scan für Busy Minds

Dein Kopf wird nicht ruhig, nur weil du es willst. Aber du kannst ihm eine Aufgabe geben, die ihn austrickst.

Scanne deinen Körper langsam von oben nach unten: Stirn – Augen – Kiefer – Nacken – Schultern – Brust – Bauch – Beine – Füße. Bei jedem Körperteil kurz innehalten und fragen: *Fühle ich hier Anspannung? Ja oder nein?* Keine Bewertung, nur wahrnehmen. Das zwingt dein Gehirn, aus dem Panik-Modus in den Analyse-Modus zu wechseln. Und der ist – Überraschung – deutlich entspannter.

Also: Wenn du das nächste Mal ein Magengrummeln spürst, such dir entweder was zu essen, eine Toilette oder beruhig dich.

Bonus-Fakt: Wer regelmäßig auf Körpersignale achtet, trainiert innere Distanz. Das senkt impulsive Reaktionen und stärkt deine emotionale Selbststeuerung (Kross & Ayduk, 2017).

Und wenn alle Frühwarnsysteme versagen und alles zu viel wird: **Atmen geht immer.** Nicht schön atmen, nicht Instagram-tauglich – einfach tief ein, lang aus. Dein Körper weiß, was zu tun ist, wenn du ihm die Chance gibst.

Wenn innen drin gerade Jahrmarkt ist

Aber was tun, wenn Körper und Kopf sich nicht einig werden wollen? Die Emotionen laufen in Endlosschleife, ohne Werbeunterbrechung und ohne Lautstärkeregler? Hat dein Innenleben sich entschieden, als Operette aufzutreten, dann wird's Zeit für dein nächstes Skillset: Wir räumen auf, was da innerlich tobt.

Es gibt Tage, da fühlen sich deine Emotionen an wie ein Kindergeburtstag ohne Aufsicht: laut, chaotisch und keiner hört auf dich. Willkommen im Gefühlschaos. Und nein, die Lösung ist weder Hausarrest noch Ablenkung per Handy. Deine Gefühle dürfen da sein, aber sie müssen nicht das Kommando übernehmen.

Gefühle benennen = Gefühle entmachten

Gefühle sind wie kleine Drama-Queens: Je weniger du sie beachtest, desto lauter werden sie. Erst wenn du innerlich sagst „Ah, hallo Wut" oder „Na, du kleine Nervosität", passiert etwas Interessantes: Die Intensität sinkt. In der Psychologie nennt man das ‚**Affect-Labeling**' – das bewusste Benennen eines Gefühls reduziert messbar dessen Stäke. Schon das Aussprechen oder gedankliche Einordnen eines Gefühls aktiviert Bereiche im Gehirn, die regulierend wirken (Lieberman et al., 2007). Kurz gesagt: *Name it to tame it.*

Beispiele:
Statt „Ich bin komplett überfordert"
→ „Ich spüre Stress und Unsicherheit."

Statt „Alles ist scheiße"
→ „Ich fühle Enttäuschung und vielleicht auch ein bisschen Selbstmitleid."

Goldene Regel:
Gefühle benennen heißt nicht, sie zu verstärken.
Gefühle benennen heißt, sie entwaffnen.
Gefühle in Worte zu fassen ist wie ein mentaler Dimmschalter fürs Drama.

Humor als Schutzfilter

Manchmal hilft zusätzlich ein Perspektivwechsel mit einem Hauch Humor. Setzt du deinem Gefühlschaos ein bisschen liebevollen Spott entgegen, kann das die Wucht rausnehmen. Forschung zeigt, dass Humor – besonders selbstfreundlicher Humor – hilft, negative Emotionen zu regulieren, da er Distanz schafft, ohne zu verdrängen. Demnach kann Humor die emotionale Belastung reduzieren, wenn er nicht abwertend, sondern spielerisch ist (Samson & Gross, 2012).

Statt:
„Oh Gott, ich bin so furchtbar nervös."
könntest du auch denken:
„Toll. Die Nervosität hat mal wieder die Hauptrolle. Ich hasse diese Schauspielerin."

Das verschiebt deine Rolle von „Ich bin das Gefühl" zu „Ich beobachte, dass da ein Gefühl ist." Und Beobachter haben immer mehr Spielraum als Hauptdarsteller in einem inneren Drama. Wenn du dein Gefühl benennen und sogar leicht ironisch betrachten kannst, wird es von einem überwältigenden Zustand zu einem vorübergehenden Ereignis. Und mit Ereignissen kann man umgehen. Mit „Ich bin halt so" viel schlechter.

Bevor wir ans Eingemachte gehen, folgt noch ein wichtiger Punkt. Bis hierhin ging es viel darum, Gefühle wahrzunehmen. Aber Wahrnehmen allein reicht oft nicht, wenn ein Gefühl gerade auf voller Lautstärke läuft. In solchen Momenten fühlt sich ein Gefühl nicht wie „ein Zustand" an, sondern wie die Wahrheit. Als wäre es nicht *da*, sondern *du*.

Genau hier brauchen wir einen Trick: **Abstand ohne Wegdrücken.** Also innerlich einen halben Schritt zurücktreten, damit du wieder in die Beobachterrolle kommst, statt mitten auf der Gefühlsbühne zu stehen. Und dafür kommen jetzt zwei Methoden, die dein Gehirn lieben wird, weil sie kreativ sind und Gefühle dadurch kleiner machen.

Doppelte Challenge: Sitcom oder Gisela?

Methode 1: Dein Gefühl als Sitcom-Charakter

Manche Gefühle sind so übertrieben, sie könnten direkt in einer Netflix-Serie mitspielen. Also: gib ihnen die Bühne, aber auf deine Art.

Stell dir vor, dein Gefühl ist eine Figur in einer Sitcom. Was trägt es? Wie redet es? Wie benimmt es sich?

Beispiele:
- **Wut:** Trägt rot, spricht zu laut und knallt Türen.
- **Nervosität:** Hat ständig zu große Klamotten an, stolpert über Wörter und wischt sich ständig die Hände an der Hose ab.
- **Traurigkeit:** Sitzt in einer riesigen Decke eingewickelt da, trinkt Tee und seufzt dramatisch.

Warum das hilft: Was du kreativ überzeichnest, verliert an Bedrohlichkeit und wird steuerbar.

Methode 2: Gib deinem Gefühl einen Namen

Wenn dir nach weniger Humor und mehr innerer Distanz ist, wähle die nüchternere Version: Gib deinem Gefühl einen Namen. Das hilft dir dabei, es als etwas zu erkennen, das *da* ist, aber nicht *du* bist.

Beispiele:
- Wut = Bernd, der Choleriker
- Überforderung = Tim, der 17 offene Tabs hat
- Nervosität = Nadine mit den zu lauten Pumps
- Selbstzweifel = Gisela aus der inneren Kritikerabteilung

Deine Aufgabe:
1. Wähle ein wiederkehrendes Gefühl.
2. Gib ihm Namen, Stil und Stimme.
3. Begrüße es beim nächsten Mal: „Ah, hallo Bernd. Du hast mal wieder eine Sondersitzung einberufen? Nein, heute nicht."

Warum das hilft: Du schaffst sofort Abstand und bleibst handlungsfähig. Dein Gefühl ist nicht mehr die Wahrheit, sondern ein innerer Gast mit viel Meinung und wenig Entscheidungsrecht.

Gefühle dürfen kommen und ja, sie dürfen auch ein bisschen Alarm schlagen, aber das Steuer kriegen sie nur, wenn *du* es aus der Hand gibst.

Emotionale Intelligenz: Erst innen, dann außen

‚Emotionale Intelligenz' klingt groß, aber fängt im Grunde ganz einfach an – bei dir selbst. Bevor du souverän mit anderen umgehst, brauchst du einen halbwegs stabilen Draht zu deinem eigenen Innenleben. **Das heißt: Gefühle wahrnehmen**, statt sie wegzudrücken. **Gefühle regulieren**, statt von ihnen überrollt zu werden.

Alles andere – Empathie, Ausstrahlung, Charisma – baut darauf auf. Bevor du dich auf andere einlässt, darfst du kurz schauen, ob du innerlich überhaupt schon „angezogen" bist oder noch im emotionalen Bademantel rumläufst.

Was du mit deinen Gefühlen tun kannst:

- **Erkennen statt verdrängen**
  „Ich bin gerade enttäuscht, nicht wütend."
- **Aushalten statt sofort reagieren**
  Also kein impulsives Platzen oder panisches Flüchten.
- **Nutzen, um zu kommunizieren**
  Gefühle liefern Informationen: Was ist mir wichtig? Wo ist meine Grenze?
- **Steuern statt automatisch handeln**
  Reiz ≠ Reaktion.
- **Akzeptieren ohne Drama**
  Ein Gefühl ist ein Zustand, keine Identität.

Merk dir: Gefühle sind Gäste. Du entscheidest, wer nur kurz bleibt und wer am Tisch sitzen darf.

Deine emotionale Toolbox

Jetzt, wo du weißt, wie Gefühle funktionieren und warum sie manchmal so viel Raum einnehmen, zeige ich dir ein paar einfache, praktische Tools, die du sofort nutzen kannst, damit dein inneres Chaos gar nicht erst die Regie übernimmt.

Gefühle lassen sich nicht kontrollieren wie eine Spotify-Playlist: *Skip. Skip. Skip.* Aber du kannst lernen, besser mit ihnen umzugehen, wenn sie auftauchen. Hier kommt dein Erste-Hilfe-Set fürs Innenleben. Nichts Kompliziertes, kein Seelen-Origami, sondern Dinge, die du sofort nutzen kannst.

Mikro-Tools für den Alltag

1. **Mood-Check-In**

   Stell dir einmal am Tag kurz zwei Fragen:
   a) Wo bin ich gerade auf einer Skala von 1 (völlig entspannt) bis 10 (komplett überfordert)?
   b) Wo will ich eigentlich sein?

   Das dauert maximal 20 Sekunden, bringt aber erstaunlich viel Klarheit. Manchmal reicht schon der Gedanke: *Ah, ich bin heute einfach bei einer Sieben, und das ist okay.*

2. **Journalfrage für emotionale Klarheit**

   Wenn du etwas Zeit hast, schnapp dir ein Notizbuch (oder dein Handy) und beantworte diese beiden Fragen:
   a) Was fühle ich gerade?
   b) Was brauche ich gerade?

   Nicht bewerten oder analysieren, nur aufschreiben. Du musst es auch nicht schön formulieren, nur deinem Gehirn signalisieren: *Ich sehe, was los ist.*

3. Ironisches Mantra des Tages

Manchmal hilft ein bisschen Selbstironie besser als jede Affirmation.
Zum Beispiel:

„Ich bin nicht überfordert, ich bin gefühlstechnisch ambitioniert."

„Ich bin emotional nicht instabil, ich habe nur viele Interessen gleichzeitig."

Finde deinen eigenen Satz, schreib ihn irgendwohin, wo du ihn siehst und erinnere dich daran, dass du dein Chaos auch humorvoll tragen kannst.

Übung: Erstelle ein emotionales Erste-Hilfe-Set

Stell dir deine eigene kleine Toolbox zusammen – am besten so, dass du sie wirklich nutzen kannst, wenn dein System „hochfährt".

Schreib auf:

- **Drei Sätze**, die dich beruhigen
  (z. B. „Ich muss nicht perfekt sein." / „Gefühle kommen und gehen.")
- Einen **Körper-Trick**, der dich erdet
  (z. B. Bodenkontakt spüren, Schultern bewusst entspannen)
- Eine **Erinnerung an deine Stärke**
  (z. B. „Ich habe schon viel Schlimmeres geschafft.")

Tipp: Speichere dir das als Notiz im Handy oder schreib es auf eine Karte. Wenn dein Gehirn im Notfall auf Autopiloten schaltet, hast du etwas zum Festhalten.

Kleiner Reminder zum Abschluss: Emotionale Selbstführung ist eine Fähigkeit ohne Endzustand. Und wie bei jeder Fähigkeit gilt: *Üben, üben, lachen, üben, Kaffee trinken, üben, Pause machen, üben.*

Wir streben nicht emotionale Perfektion, sondern emotionale Flexibilität an:

- Damit du entscheiden kannst, wann du loslässt und wann du ruhig bleibst.
- Damit du Gefühle wahrnehmen kannst, ohne sie sofort reparieren oder bekämpfen zu wollen.

Manchmal reicht es schon, wenn du sie nicht mit deiner Identität verwechselst. Denn hier kommt einer der wichtigsten Sätze überhaupt: **Was du fühlst, ist nicht, wer du bist.** Und genau darum geht's als Nächstes.

Was du fühlst, ist nicht wer du bist

Manche Gefühle tun so, als wären sie dein ganzes Wesen. Sie drängen sich in den Vordergrund, schnappen sich das Mikro und erzählen dir Geschichten über dich, die sich verdammt echt anhören, aber nicht stimmen:

„Du bist wütend, also bist du ein schlechter Mensch."

„Du bist traurig, also wirst du immer schwach sein."

„Du bist überfordert, also bist du unfähig."

Schwachsinn! Gefühle sind keine Urteile. Sie sind **Momentaufnahmen** – kleine, flüchtige Momente deines Innenlebens. Sie sagen etwas darüber aus, **was du gerade erlebst**, nicht darüber, **wer du bist**:

- Du fühlst Wut, aber du bist kein wütender Mensch.
- Du fühlst Traurigkeit, aber du bist kein trauriges Wesen.
- Du fühlst Unsicherheit, aber du kein Versager.

Gefühle sind Besucher. Manche laut, manche leise, manche höflich, manche trampeln mit Schuhen durchs Wohnzimmer. Aber nur weil jemand bei dir klingelt, gehört ihm nicht das Haus.

Der entscheidende Zwischenraum

Zwischen einem Gefühl und der Geschichte, die dein Kopf daraus macht, liegt eine Interpretation. Und die kannst du prüfen, verändern oder auch einfach nicht glauben. Emotional intelligente Menschen schaffen es, **nicht alles automatisch für wahr zu halten, was ein Gefühl behauptet**. Du bist die Person, die das Gefühl erlebt, nicht das Gefühl selbst. Und das ist ein größerer Unterschied, als du vielleicht jetzt gerade ahnst. Was du innen ordnest, wird außen spürbar. Menschen merken, ob jemand von jedem Gefühl mitgerissen wird oder ob da jemand ist, der wahrnimmt und entscheidet. Innere Klarheit wirkt oft, bevor du ein Wort sagst.

Im nächsten Kapitel schauen wir uns an, wie aus innerer Klarheit echte Ausstrahlung wird. Du kannst aufatmen, denn du musst dafür keine Show abziehen.

Wie du wirkst,
wenn du nicht versuchst zu wirken

„Charisma ist die Kunst,
andere zum Leuchten zu bringen."

– Unbekannt

Charisma ist kein angeborenes Privileg. Ja ein kleiner Teil hängt mit der Persönlichkeit zusammen – etwa mit Extraversion oder Ausdrucksstärke, aber der weitaus größere Teil ist trainierbar. Und genau darauf konzentriert sich auch die moderne Forschung.

Vergiss also die Genlotterie, vergiss irgendwelche Instagram-Gurus, die behaupten, du müsstest nur „dein wahres Selbst finden" (was auch immer das heißen soll) oder das „richtige Mindset haben". Echte Ausstrahlung hat nichts mit einer mysteriösen Aura zu tun, die ein Exklusivrecht für Extrovertierte ist. Charisma ist etwas, das du selbst gestalten kannst.

Was ist Charisma eigentlich?

Das Wort ‚**Charisma**' stammt aus dem Altgriechischen. Es bedeutete ursprünglich „Gnadengabe" oder „Geschenk der Gnade". Im religiösen Kontext beschrieb es eine besondere, von Gott verliehene Fähigkeit – etwas, das einem Menschen quasi „gegeben" wurde.

Später griff der Soziologe Max Weber den Begriff auf. Für ihn war Charisma keine göttliche Magie, sondern eine besondere Form von Autorität: Menschen folgen jemandem nicht wegen eines Titels, sondern wegen der Wirkung, die diese Person auf sie hat, also wegen ihrer Präsenz, Überzeugungskraft und inneren Klarheit.

Heute beschreibt man in der Psychologie Charisma als die Fähigkeit, durch persönliche Ausstrahlung, emotionale Verbindung und überzeugende Kommunikation einen starken Einfluss auf andere Menschen auszuüben – unabhängig von Aussehen, Lautstärke oder Überlegenheit.

Und diese Fähigkeit kannst du lernen. Also wie du auftrittst, wie du sprichst, wie du Blickkontakt hältst, wie du wirkst und was du ausstrahlst, wenn du einen Raum betrittst.

Kurz gesagt: Charisma ist nicht die Show, sondern das, was bleibt, wenn die Show vorbei ist. Und das Beste daran? Du musst dich dafür nicht verbiegen. Du musst nur lernen, wie du das, was eh schon in dir steckt, sichtbar machst.

Bereit? Dann los. Es wird weniger peinlich, als du denkst und ziemlich wahrscheinlich viel spaßiger, als du es dir gerade vorstellen kannst. Also los, hier kommt **Charisma für Seltsame und solche, die es werden wollen.**

Charmant, aber nicht devot

Eines der größten Missverständnisse über Charisma ist die Annahme, man müsse es allen recht machen. Daher verwechseln viele Ausstrahlung mit Gefälligkeit. Dabei macht dich ständiges Zustimmen eher beliebig als charismatisch.

Charismatische Menschen sind oft freundlich, offen und zugewandt, aber sie sind nicht unterwürfig. Sie lächeln und setzen trotzdem Grenzen. Sie hören zu und widersprechen, wenn es nötig ist. Echte Ausstrahlung entsteht, wenn du Position beziehst. Wenn du offen, ruhig und selbstverständlich bist, aber nicht anbiedernd, dominant oder aggressiv.

Und das Schönste daran: Es verändert nicht nur, wie du auf andere wirkst, sondern auch, wie du dich selbst erlebst.

Fünf Dinge, die Charisma nicht ist

Bevor wir tiefer eintauchen, räumen wir mit ein paar Mythen auf:

1. **Charisma ist angeboren.**
    Nein. Charisma ist nicht rein genetisch bedingt, sondern eine Mischung aus angeborenen Persönlichkeitsmerkmalen und erlernbarem Verhalten. Während genetische Anlagen eine Basis für Ausstrahlung bilden können, lässt sich Charisma durch Training von Präsenz, Selbstbewusstsein und emotionaler Intelligenz gezielt entwickeln.

2. **Charismatische Menschen sind extrovertiert.**
    Nein. Manche der beeindruckendsten Persönlichkeiten sind ruhig. Während Extrovertierte oft durch laute Energie und Offenheit charismatisch wirken, können Introvertierte eine ebenso starke, wenn auch leisere Ausstrahlung besitzen. Charisma basiert auf Selbstvertrauen,

Empathie, Authentizität und Kommunikationsstärke, was keine extrovertierte Persönlichkeit voraussetzt. Aufmerksames Zuhören, besonnenes Auftreten und tiefgründige Gespräche ziehen andere Menschen ebenso in den Bann.

3. **Charismatische Menschen sind immer beliebt.**
   Beliebtheit und Charisma sind nicht dasselbe. Charisma bedeutet Einfluss – nicht automatisch Sympathie – und Einfluss kann auch entstehen, wenn jemand polarisiert.

4. **Charisma heißt perfekte Selbstdarstellung.**
   Im Gegenteil. Wahre Anziehungskraft entsteht durch Authentizität, denn Fehler machen uns zugänglich und menschlich. Makellosigkeit hingegen schüchtert eher ein und schafft Distanz.

5. **Man braucht Aussehen, Status oder eine perfekte Stimme.**
   Nein. Schönheit, ein beeindruckender Lebenslauf oder Stimmgewalt sind Bonuspunkte, aber keine Voraussetzung. Wahres Charisma beginnt im Inneren: bei deiner Haltung (sowohl zu dir selbst als auch die deines Körpers) und der Fähigkeit, echte Verbindungen herzustellen.

Spannung und Blick: Die stille Macht deiner Präsenz

Vergiss übertriebene Gestik, einstudierte Posen oder künstliches „Power-Standing" aus Motivationsseminaren. Charisma ist kein Performance-Act und Menschen merken, wenn du eine Rolle spielst. Was wirklich wirkt, ist Ruhe und eine bewusste, klare Körpersprache.

Das heißt:
- Deine Bewegungen sind ruhig und gezielt, nicht hektisch.
- Deine Gesten unterstreichen deine Worte, statt sie zu dominieren.
- Deine Haltung ist offen und aufgerichtet, nicht steif oder verkrampft.

Der Schlüssel ist Spannung, genau genommen Körperspannung, die nicht angespannt ist, sondern dich „bereit" wirken lässt – wie ein Musiker kurz vor dem ersten Ton. Und dein Blick? Einer der stärksten – und gleichzeitig unterschätzten – Verstärker von Ausstrahlung.

Was das konkret heißt:

- Halte ruhigen, wichen Blickkontakt, ohne zu starren oder zu fixieren.
- Schau dein Gegenüber an, als würdest du wirklich zuhören: nicht prüfen, mustern, nicht durch sie hindurchsehen.
- Setze natürliche Blickpausen, um das Gespräche natürlicher wirken zu lassen. Direkter Blickkontakt von etwa drei Sekunden am Stück wird als angenehm empfunden. Längeres, ununterbrochenes Fixieren kann hingegen als zu intensiv wirken.

Charisma für Seltsame

Falls du denkst, du bist zu komisch, zu leise, zu awkward, um charismatisch zu sein, gute Nachrichten: Genau das könnte deine größte Stärke sein. Es ist kein Zufall, dass viele perfekte Neubauten beeindruckend wirken, aber selten berühren. Alles ist glatt, neu, makellos und trotzdem fehlt etwas. Erst wenn ein Ort Kanten, Spuren und Leben bekommt, fühlt er sich echt an. Mit Menschen ist es ähnlich. Charme entsteht durch Macken und genau deshalb erinnern wir uns an den Altbau mit knarrendem Parkett. Menschen fühlen sich zu denen hingezogen, die sich trauen, sie selbst zu sein, also mit ihrem Humor, ihren schrägen Fun Facts und ihren etwas zu nerdigen Lieblingsserien. Charisma entsteht nicht trotz deiner Seltsamkeit, sondern gerade deswegen.

Storytime: Die Sache mit den springenden Elefanten

Als ich mitten im Traineeship war, sollten wir uns auf einem Community-Treffen vor etwa 60 Leuten vorstellen – natürlich inklusive Fun Fact über uns selbst (wichtige Nebeninfo: Ich hasse es). Mein Gedanke: Wenn ich schon keinen brillanten Fun Fact über mich habe, dann wenigstens einen über Elefanten.

Ich sage also: „Ich mag Fun Facts und hier ist einer: Wusstet ihr, dass Elefanten die einzigen Tiere sind, die nicht springen können?"
Stille.
Dann ruft der Bereichsleiter: „Ja, das wusste ich."
Super. Pointe tot.

Ich wollte innerlich sterben, doch stattdessen sagte ich: „Aber dass Giraffen nur zwei Stunden schlafen, wusstest du bestimmt nicht. Ha!" Ab diesem Moment war ich „die mit den springenden Elefanten". Und das Beste daran? Diese kleine Szene wurde immer wieder weitererzählt.

Was das zeigt: Echte Ausstrahlung entsteht meist in Momenten, die nicht glattlaufen und weniger in perfekten.

Wie du wirkst, ohne dich zu verstellen

Echtheit wirkt stärker als jede aufgesetzte Perfektion. Menschen, die immer makellos erscheinen sind selten inspirierend, eher einschüchternd oder sogar langweilig. Sozialwissenschaftliche Befunde aus der Medien- und Netzwerkforschung zeigen, dass vor allem jüngere Zielgruppen authentische Inhalte (mit kleinen Makeln) höher bewerten als stark kuratierte, perfekte Selbstdarstellungen. Kleine Unsicherheiten und spontane Reaktionen hingegen machen dich nahbar und spannend. Menschen merken intuitiv, ob hinter Worten echtes Leben steckt oder ob jemand versucht, eine besonders gut polierte Version von sich zu präsentieren. (Kleiner Gruß an alle, die bei Mark Zuckerbergs Interviews manchmal das Gefühl haben, sie reden mit einem sehr höflichen, sehr bemühten Androiden.)

Mini-Übung: Zeige in einem Gespräch eine unverstellte Reaktion. Zum Beispiel: Statt einfach „Interessant" zu sagen, wenn du etwas spannend findest, sag: „Wow, das hätte ich nicht erwartet. Erzähl mir mehr!" Oder statt nur zu nicken, sag „Ich weiß gerade selbst noch nicht, wie ich das sehe."

Der Copy-Paste-Charme: Charisma zum Nachbauen

Charisma wirkt oft wie ein unerklärliches Talent, als hätten manche Menschen einfach „mehr davon". Tatsächlich steckt dahinter aber weniger Magie und mehr Methode. Der Organisationspsychologe John Antonakis zeigt in seinen Forschungen zu den ‚Charismatic Leadership Tactics', dass Charisma kein angeborenes, mystisches Persönlichkeitsmerkmal ist, sondern ein erlernbares Set an Verhaltensweisen, die jeder Mensch entwickeln kann – unabhängig von seiner Ausgangspersönlichkeit. Selbst introvertierte Menschen wirkten nach kurzer Übung von sprachlichen und nonverbalen Techniken deutlich charismatischer.

Du brauchst kein Bühnenprogramm, nur ein paar bewusst gesetzte Wirkungspunkte. Hier kommt dein persönlicher **Charisma-Baukasten** zum Ausprobieren.

Sprachliche Verstärker

- Statt „Ja" → „Ich bin dabei, klingt gut!"
- Statt „Mal schauen" → „Ich wär dabei, wenn du Bock hast."
- Statt „Vielleicht" → „Lass es uns ausprobieren, klingt spannend."

Storytelling

Statt nur zu sagen „Ich find das gut", erzähle kurz, warum.
Kleine Anekdoten, Beobachtungen und Szenen bleiben hängen.

Metaphern & Bilder

„Das Gespräch fühlte sich an wie ein Witz ohne Pointe."
Bilder bleiben im Gegensatz zu abstrakten Begriffen im Kopf.

Bewusste Gesten

Unterstütze deine Worte mit gezielten, ruhigen Bewegungen. Sie müssen gar nicht übertrieben sein. Und falls du gerade denkst: „Schön. Aber was mache ich konkret mit meinen Händen?", hier die pragmatische Antwort:

Option 1: Neutraler Ruhepunkt

Lass deine Hände locker vor deinem Körper ruhen, leicht ineinandergelegt oder entspannt geöffnet.

Option 2: Offene Gestik

Öffne beim Erklären die Hände leicht nach außen. Das signalisiert Offenheit und wirkt natürlich.

Option 3: Eine Hand spricht, die andere ruht

Du musst nicht permanent mit beiden Händen gestikulieren. Eine Hand kann aktiv sein, die andere entspannt.

Option 4: Etwas halten (wenn es passt)

Ein Glas, ein Notizbuch oder ein Stift kann helfen, überschüssige Energie zu kanalisieren, solange du nicht daran herumfummelst wie in einer Prüfung.

Und ganz wichtig: Hände sind nur dann „komisch", wenn du sie selbst komisch findest. Die meisten Menschen achten viel weniger darauf, als du glaubst. Ein kleiner Trick: Wenn du nicht weißt, wohin mit ihnen, bewege sie langsamer. Langsame Bewegungen wirken automatisch souveräner.

Der unterschätzte Charisma-Hack: Der Name

Ein weiterer, erstaunlich einfacher Verstärker von Verbindung ist der Name deines Gegenübers. Menschen reagieren besonders sensibel auf ihren eigenen Namen, denn er wirkt wie ein Aufmerksamkeitsanker im Gehirn. Wenn jemand unseren Namen benutzt, fühlen wir uns nicht nur angesprochen, sondern gesehen. Aber bitte dosiert einsetzen.

Charmant wirkt es hier:

- am Anfang eines Gesprächs
- bei einer Wertschätzung
- wenn du etwas Persönliches betonst

Charisma durch emotionale Intelligenz

All diese Techniken wirken nur dann überzeugend, wenn sie nicht aufgesetzt erscheinen. Eine zentrale Voraussetzung dafür ist ‚emotionale Intelligenz'. Peter Salovey und John D. Mayer definierten emotionale Intelligenz als die Fähigkeit, eigene und fremde Gefühle wahrzunehmen, zu verstehen und zu regulieren.

Studien zeigen, dass emotionale Intelligenz eng mit Beziehungsqualität, Kommunikationsfähigkeit und sozialer Wirkung zusammenhängt (Brackett et al., 2011). Zudem legen Forschungen nahe, dass emotionale Intelligenz insbesondere in organisationalen Kontexten mit effektivem Führungsverhalten und Einfluss zusammenhängt (Côté, 2014).

Zusammengefasst: Techniken erzeugen Aufmerksamkeit, emotionale Intelligenz erzeugt Vertrauen und das ist der Kern von Charisma.

Die 4 Kernkompetenzen emotionaler Intelligenz

1) Selbstwahrnehmung – Merken, was in dir passiert

Bevor du deine Emotionen steuern kannst, musst du sie überhaupt erkennen. Selbstwahrnehmung heißt: ehrlich registrieren, was du fühlst, bevor du unbewusst reagierst oder dich in schlechte Laune reinsteigerst.
Praxisbeispiel: Statt *Boah, alle nerven heute!* bewusst denken *Okay, ich bin müde und gereizt. Vielleicht lag's am schlechten Schlaf. Nicht alle sind plötzlich doof.*
Selbstwahrnehmung ist wie ein Frühwarnsystem für dein Innenleben. Sie verhindert, dass aus einem schlechten Morgen ein schlechter Tag wird.

2) Selbstregulation – Nicht jeder Impuls gewinnt

Nur weil du etwas fühlst, musst du es nicht sofort ausagieren. Selbstregulation bedeutet: du kannst entscheiden, *wie* du mit deinem Gefühl umgehst. Du merkst: Da ist Wut.
Und du entscheidest: Wie gehe ich damit um?

Praxisbeispiel: Statt bei Kritik direkt in die Verteidigung zu gehen, atmest du einmal durch und sagst: „Wie genau meinst du das?"

Selbstregulation ist der Moment, in dem dein Verstand eingreift und sagt: *Warte kurz. Lass uns das souverän regeln.*

3) Empathie – Wahrnehmen, was beim anderen los ist

Zur Erinnerung: Empathie heißt nicht, dass du alles übernehmen musst, was andere fühlen oder dich selbst hintenanzustellen. Vielmehr nimmst du wahr, wenn beim Gegenüber etwas los ist, auch wenn es nicht ausgesprochen wird.

Praxisbeispiel: Wenn der Kollege dich schroff anspricht, nicht direkt kontern, sondern innerlich denken: *Wahrscheinlich geht's hier gerade um etwas anderes, gar nicht um mich.*

Empathie kann Raum geben und Konflikte entschärfen. Wichtig dabei: du kannst anderen verstehen und trotzdem Grenzen setzen.

4) Beziehungsmanagement – Verbindung halten wenn's knirscht

In schwierigen Momenten zeigt sich emotionale Reife am deutlichsten. Beziehungsmanagement bedeutet ehrlich und respektvoll zu bleiben, auch wenn es unangenehm wird und Emotionen im Raum stehen.

Praxisbeispiel: Nach einem Streit nicht tagelang schweigen, sondern nach einer Pause sagen: „Hey, das lief schräg. Wollen wir nochmal in Ruhe darüber sprechen?"

Beziehungsfähigkeit zeigt sich vor allem dann, wenn du auch bei Spannungen verbindlich bleibst.

Emotional intelligent zu sein, heißt:

- wahrzunehmen, was in dir passiert
- zu erkennen, was beim anderen mitschwingt
- bewusst zu entscheiden, wie du reagieren willst

Wenn du das kannst, beherrscht du eine der wertvollsten sozialen Fähigkeiten überhaupt.

Mini-Challenges für echte Wirkung

Charisma entsteht in kleinen Momenten, in denen du dich bewusst anders verhältst als sonst. Hier kommen deine Praxis-Experimente:

Challenge 1: Zeig eine kleine Unperfektion

Zeige in einem Gespräch eine kleine Schwäche oder ein Missgeschick. Erzähle beispielsweise eine kurze Geschichte, in der du nicht perfekt warst. Menschen lieben authentische Geschichten.

Challenge 2: Mach ein echtes Kompliment

Kein generisches „Schöne Jacke", sondern ein ehrliches Kompliment, das wirklich beobachtend ist.

Zum Beispiel: „Ich find's richtig toll, wie ruhig du eben geblieben bist."
Oder: „Ich mag, wie strukturiert du Dinge erklären kannst."

Challenge 3: Höre einfach nur zu

Eine der unterschätztesten Charisma-Skills überhaupt: Zuhören, richtig zuhören. Lass jemanden ausreden, ohne einzuhaken, zu beraten, zu verbessern, zu relativieren oder eine Lösung anzubieten. Einfach nur da sein.

Challenge 4: Schenke ein Lächeln ohne Zweck

Auf keinen Fall, um gemocht zu werden, um etwas zu bekommen oder weil jemand gesagt hat „Lächle doch mal". Aber wenn du es fühlst, zeig es. Echte, absichtslose Freundlichkeit hat mehr Wirkung, als du denkst.

Challenge 5: Bewusster Blickkontakt

Halte etwa drei Sekunden Blickkontakt, bevor du den Blick löst. Es fühlt sich zuerst ungewohnt an und wirkt dann enorm.

Tipp: Such dir eine Challenge aus, die sich für dich leicht anfühlt und eine, die dich ein kleines bisschen nervös macht. Dort, wo es kribbelt, wächst dein Charisma am schnellsten.

Fazit: Charisma ist kein Zaubertrick

Die wichtigste Grundlange für Charisma ist eine Selbstwahrnehmung, also zu wissen, was in dir vorgeht und das nach außen bewusst zu gestalten. Und selbst, wenn du nicht immer alles im Griff hast (das hat sowieso niemand), kannst du lernen deine Wirkung bewusst zu gestalten, ohne dich zu verstellen. Es reicht, aufmerksam und authentisch zu sein.

Charisma hat verschiedene Gesichter. Die Person, die den Raum betritt und sofort alle Blicke auf sich zieht, ist nur eine Variante. Je nach Persönlichkeit zeigt es sich ganz unterschiedlich.

Hier ein paar Formen, die oft übersehen werden:

Fokus

Menschen mit Fokus-Charisma hören so aufmerksam zu, dass du dich wichtig fühlst, weil du merkst, dass diese Person gerade wirklich bei dir ist.

Warme Ausstrahlung

Das sind Menschen, bei denen du dich schnell sicher fühlst. Durch ihre offene Mimik und ruhige Energie schaffen sie Nähe.

Klarheit

Wer weiß, was er will und wofür er steht, schafft Orientierung. Klar kommunizierte Werte und Grenzen erzeugen Stabilität und Konsistenz und die wiederum schaffen Vertrauen.

Begeisterung

Menschen, die für etwas brennen und beim Erzählen komplett darin aufgehen, ziehen dich regelrecht mit. Sie sind wirklich interessiert und das genau das steckt an.

Und keine Sorge, du musst nicht alles gleichzeitig sein. Es reicht, wenn du deine eigene Form stärkst.

Was allerdings fast immer mitschwingen sollte, ist eine Kombination aus Wärme und Kompetenz. Menschen wollen spüren: Diese Person meint es gut und sie weiß, was sie tut.

Dazu gibt es in der Sozialpsychologie ein simples, aber kraftvolles Modell (Fiske, Cuddy, Glick & Xu, 2002). Menschen ordnen andere intuitiv entlang zwei Fragen ein:

1. **Ist diese Person wohlwollend? (Wärme)**
   (Also: Meint sie es gut mit mir? Ist sie freundlich, zugänglich, fair?)
2. **Ist diese Person kompetent?**
   (Also: weiß sie, was sie tut? Kann diese Person etwas?)

Mehr braucht unser Gehirn zunächst nicht. Besonders spannend: Charisma entsteht aus der Kombination beider Kriterien. Wenn du nur warm wirkst, aber nie klar bist, wirst du als nett wahrgenommen, aber nicht unbedingt ernst genommen. Wenn du nur kompetent wirkst, aber keine Wärme zeigst, wirkst du stark, aber distanziert. Das ist übrigens einer der Gründe, warum Lächeln allein kein Charisma erzeugt und Seriosität allein genauso wenig. Menschen fühlen sich zu dir hingezogen, wenn sie spüren, dass du sie siehst und dich dabei selbst nicht verlierst.

Mantra zum Mitnehmen: Du darfst freundlich sein, ohne dich anzupassen. Du darfst klar sein, ohne hart zu werden. Du darfst sichtbar sein, ohne dich zu verbiegen.

Und damit es sich wirklich einprägt: Lautstärke, Show und Kontrolle führen nicht zu Charisma. Echtheit, Haltung und die stille, starke Entscheidung, dich selbst sichtbar zu machen hingegen schon. Und wenn ich hier von Haltung spreche, meine ich nicht nur deine Körperhaltung (zumindest nicht ausschließlich), sondern auch deine innere Haltung. Klarheit über deine Werte, Grenzen und dein Standpunkt sind essenziell!

Charisma ist wie eine gute Verdauung:
Man merkt erst, wie wichtig es ist, wenn es fehlt.

Seltsam zusammen ist besser
als allein normal

"Don't trade authenticity for approval."

– Unbekannt

Let's get weird, zum letzten Mal.
(Oder eigentlich zum ersten)

Was bedeutet Zugehörigkeit?

Für viele ist es ein Ort, an dem man ankommt.
Ich sehe Zugehörigkeit weniger als Ziel und mehr als Bewegung – als Zustand, den man erlebt.

Psychologisch betrachtet ist Zugehörigkeit eines unserer grundlegendsten Bedürfnisse. Die Sozialpsychologen Roy Baumeister und Mark Leary formulierten 1995 die sogenannte ‚**Belongingness Hypothesis**': Menschen brauchen stabile, positive und bedeutungsvolle sozialen Beziehungen. Fehlen diese, steigen Stress, Depression, Angst und sogar körperliche Erkrankungen messbar an (Baumeister & Leary, 1995).

Kein Wunder, dass unser System alarmiert reagiert, wenn wir uns ausgeschlossen fühlen. Neurowissenschaftliche Studien belegen sogar, dass soziale Zurückweisung im Gehirn ähnliche Regionen aktiviert wie körperlicher Schmerz (Eisenberger et al., 2003). Ablehnung fühlt sich nicht nur schlimm an, sie tut weh, und genau deshalb passen wir uns an.

Aber – und das ist entscheidend – Zugehörigkeit ist nicht dasselbe wie Anpassung. Die Forscherin Brené Brown unterscheidet klar zwischen ‚**fitting in** und ‚**belonging**': "Fitting in is becoming who you need to be to be accepted. Belonging is being who you are and being accepted." (Brown, 2017).

Auf Deutsch: Es ist ein gewaltiger Unterschied, ob ich so werde, wie ich sein muss, um reinzupassen oder ob ich so sein darf, wie ich bin, und trotzdem angenommen werde. Psychologisch betrachtet spricht man hier von ‚**Authentizität**', also der Übereinstimmung zwischen dem, was wir innerlich erleben, und dem, was wir nach außen zeigen (Kernis & Goldman, 2006). Wenn diese Übereinstimmung dauerhaft fehlt, entsteht vielleicht

Zustimmung, aber keine reale Verbindung. Denn angenommen wird nicht dein echtes Selbst, sondern eine sozial optimierte Version von dir.

Und genau hier wird deutlich, warum Zugehörigkeit mehr ist als bloße Akzeptanz. Die ‚**Selbstbestimmungstheorie**' von Deci und Ryan beschreibt drei psychologische Grundbedürfnisse des Menschen (Deci & Ryan, 2000):

1. **Autonomie** (Ich darf ich sein.)
2. **Kompetenz** (Ich erlebe mich als wirksam.)
3. **Verbundenheit** (Ich gehöre dazu.)

Zugehörigkeit funktioniert langfristig nur dann stabil, wenn Autonomie nicht dafür geopfert wird. Wenn ich zwar dazugehöre, aber nicht mehr ich selbst bin, entsteht ein innerer Konflikt. Du brauchst Verbindung, aber du brauchst auch dich selbst. Erst wenn Verbundenheit und Selbsttreue, also die Wahrung der eigenen Identität, gleichzeitig möglich sind, entsteht das, was wir echte Zugehörigkeit nennen können.

Nicht:

- Ich werde toleriert, solange ich funktioniere.
- Ich werde akzeptiert, solange ich passe.
- Ich werde gemocht, solange ich gefalle.

Sondern:

Ich bin gemeint.

Und vielleicht ist genau das der Kern dieses Buches.

Du hast gelernt:

- Smalltalk ist Verbindung.
- Grenzen sind Autonomie.
- Emotionale Selbstführung ist Stabilität.
- Charisma ist Echtheit.

All das führt zu einem Punkt: Die Entscheidung, immer wieder echt zu bleiben, selbst wenn es leichter wäre, sich anzupassen. Veränderung fühlt sich selten heroisch an. Meistens wie ein leichtes Straucheln, aber in die richtige Richtung.

Vielleicht fühlst du dich manchmal wie die Nebenrolle in deinem eigenen Film. Wie jemand, der auftaucht, eine seltsame Szene spielt, und wieder verschwindet. Ich kenne dieses Gefühl gut und habe lange gedacht, ich müsste mich mehr anpassen, weniger extra sein. Aber die Wahrheit ist: Das Gegenteil von Zugehörigkeit ist nicht Alleinsein, es ist Verbiegen. Du musst nicht normal, perfekter, angepasster oder weniger seltsam werden. Du darfst da sein, so wie du bist, denn echte Zugehörigkeit entsteht in dem Moment, in dem du dich selbst nicht mehr verlässt.

Wenn du aus diesem Buch nur eins mitnimmst, dann das: Dein Cringe, dein Zögern, dein leicht peinlicher Humor, machen dich nicht weniger liebenswert, sie machen dich menschlich. Und in einer Welt voller perfekt polierter Fassaden ist Menschlichkeit ziemlich besonders.

Du kannst versuchen, jedem zu gefallen, aber am Ende verlierst du dabei die einzige Person, die wirklich zählt: Dich selbst. Also: Don't trade authenticity for approval. (Oder in Sofias Sprache: **Tausch dein Herz nicht gegen Applaus.**)

Danke, dass du den weirden Weg hierher gegangen bist. Jetzt bist du dran.

Bühne frei für dich.
Mit Stolpern.
Mit Glanz.
Mit allem.

🖤 *Let's get weird. Let's WTF together.*

Deine
Sofia Hassiotaki – extra, aber echt.

Falls du das Buch übersprungen hast, hier die Essenz:

Weird.
Echt.
Weiter.

Sozialer

Beipackzettel

Die Wahrheit liegt im Anhang

KURZTEST: WIE GUT KANNST DU ALLEIN SEIN?

Aktivität	Schwierigkeitsgrad (1 = Easy, 5 = SOS)
Kino	☐ 1 ☐ 2 ☐ 3 ☐ 4 ☐ 5
Essen/Café	☐ 1 ☐ 2 ☐ 3 ☐ 4 ☐ 5
Reisen	☐ 1 ☐ 2 ☐ 3 ☐ 4 ☐ 5
Club/Party	☐ 1 ☐ 2 ☐ 3 ☐ 4 ☐ 5
Museum	☐ 1 ☐ 2 ☐ 3 ☐ 4 ☐ 5
Konzert	☐ 1 ☐ 2 ☐ 3 ☐ 4 ☐ 5
Sauna / Schwimmbad	☐ 1 ☐ 2 ☐ 3 ☐ 4 ☐ 5

Überwiegend 1 & 2: Du bist Solo-sicher. Alleinsein ist für dich kein Risiko.

Überwiegend 3: Du bist auf dem besten Weg. Alleinsein sein zu können, ist ein Muskel, trainier weiter.

Überwiegend 4 & 5: Alleinsein triggert dich stärker, als dir lieb ist und genau deshalb bist du hier richtig.

TIPP: GLAUBENSSATZ-SWITCH

Negativer Gedanke	Reframing
Ich bin nicht gut genug.	Ich bin noch nicht da, aber ich entwickle mich.
Ich darf mir keinen Fehler leisten.	Fehler sind Teil meines Lernprozesses.
Alle merken, dass ich unsicher bin.	Ich bin trotzdem da und das zählt.

REMINDER: FÜR DEINEN INNEREN DIALOG

- „Die meisten Menschen sind stärker mit sich selbst beschäftigt als mit dir."

- „Unsicherheit macht dich nicht weniger kompetent."

- „Wirkung entsteht, sobald du auftrittst – auch mit Zweifeln."

COPY-PASTE-CHARME: SAG DAS LIEBER!

Statt	Sag lieber
Ja, das klingt gut.	Ich bin sowas von dabei. Wann geht's los?
Cool.	Das klingt richtig spannend. Wie bist du dazu gekommen?
Aha.	Erzähl mehr, das interessiert mich wirklich.

CHEAT-SHEET: KÖRPERSPRACHE

Tu das	Weil
Offene, entspannte Handhaltung	Wirkt ehrlich und zugänglich
Sichtbare Handflächen	Signalisiert Offenheit
Leicht geneigter Kopf	Wirkt zugewandt und interessiert
Lächeln (authentisch, nicht aufgesetzt)	Verstärkt Sympathie
Kein Handy während des Gesprächs	Zeigt Respekt
Haltung und Gestik dezent spiegeln	Fördert Verbindung

TIPP: SOFT LANDING STATT HARTER GESPRÄCHSCRASH

Wenn du rauswillst, ohne Drama, sag z. B.:

- „Ich tank mal kurz Energie, aber danke für das Gespräch!"

- „Es hat mich gefreut dich kennenzulernen, aber jetzt ruft meine Introvertiertheit."

- „Ich schau mich mal ein bisschen um. Bis später vielleicht."

MINI-EXPERIMENTE: FÜR BESSERE GESPRÄCHE

(1) Die 3-Sekunden-Regel

Halte für drei Sekunden Blickkontakt und lächle, bevor du sprichst.

Effekt: Signalisiert Interesse und schafft sofortige Verbindung.

(2) Spiegeltest

Beobachte Haltung, Gestik & Sprachtempo und passe dich dezent an.

Effekt: Fördert unbewusste Verbundenheit.

(3) Fragen-Booster

Trainiere diese 3 Fragen im Alltag (auch mit Kassierern, Nachbarn, Geistern in deiner Wohnung):

    a.   Was war heute dein Highlight?

    b.   Gibt's gerade etwas, auf das du dich freust?

    c.   Wenn du heute was Neues lernen könntest, was wäre es?

Effekt: Machen Gespräche menschlich – auch mit Fremden.

WUSSTEST DU SCHON?

Menschen unterschätzen systematisch, wie positiv sie nach einem Gespräch von anderen wahrgenommen werden. Dieses Phänomen wird als ‚**Liking Gap'** bezeichnet (Boothby, Epley & Cooney, 2018). In Studien bewerteten Gesprächspartner die Interaktion deutlich positiver als die Personen selbst annahmen.

Forschung zu Gesprächsdynamiken zeigt, dass Sympathie weniger von originellen Aussagen als von wahrgenommenem Interesse abhängt:

✓ **Offene Fragen** statt geschlossener Fragen (Ja-Nein-Fragen)

✓ Aktives **Zuhören** (Blickkontakt, Nicken)

✓ Dezentes **Spiegeln** von **Körpersprache**

✓ Anschlussfähige **Reaktion** („Erzähl mehr!" statt „Mhm.")

1-MINUTEN-MUT-ÜBUNG: FÜRS BAD, BÜRO, BAHN

1. Stell dich vor einen Spiegel.

2. Schau dir in die Augen (ja, es fühlt sich ungewohnt an – genau deshalb).

3. Sag laut:

   „Ich kann das."

   „Ich bin da und das reicht."

   Oder einfach: „Los geht's."

MINI-ROLLENSPIELE: HEIMLICH IN DEINEM KOPF

1. Stell dir vor du bist CEO, Beyoncé, Harry Potter oder das Gegenteil von awkward.

2. Such dir irgendeine Figur aus (auch gerne eine eigene) und frag dich „Was würde sie/er tun?"

   Und dann einfach mal ausprobieren.

MIKRO-CHALLENGE: FÜR ECHTE WIRKUNG

1. Nächstes mal beim Bäcker: Nicht „Einmal das da…", sondern: **„Ich hätte gern ein Croissant, das knusprige da ganz hinten, danke!"**

2. Bonuslevel: Halte Blickkontakt – zwei Sekunden – ohne zusammenzubrechen.

	Situation	Everyday Englisch
1	Smalltalk-Start	How's your day been so far?
2	Wochenbeginn	Hope you had a good weekend.
3	Schnell loslegen	Let's dive right in, shall we?
4	Klären	Just to clarify...
5	Nachhaken	Could you elaborate on that?
6	Wiederholen lassen	I didn't quite catch that. Would you mind repeating it?
7	Eigene Meinung	From my perspective...
8	Etwas ergänzen	That's a great point. I'd just like to add...
9	Widersprechen	I see what you mean, but...
10	Nächste Schritte	Let's align on the next steps.
11	Verantwortung übernehmen	I'll take care of that.
12	Folgegespräch	Let's touch base later this week.
13	E-Mail-Einstieg	Hope this finds you well.
14	E-Mail-Ende	Please let me know if you need anything else.

15	Reminder	Just checking in on the below.
16	Meeting beenden	Shall we wrap it up?
17	Thema vertagen	Let's park that for now.
18	Zeit im Blick behalten	We're running out of time, so let's focus on the key points.
19	Missverständnis klären	There seems to have been a misunderstanding. Let's clear it up.
20	Gespräch verlagern	Let's take this offline.

	Situation	Everyday Englisch
1	Neugier zeigen	That's so interesting!
2	Überrascht reagieren	No way, really?
3	Gespräch weitergeben	What about you?
4	Etwas höflich ablehnen	To be honest, I'm not really into that.
5	Empathie zeigen	I totally get that.
6	Introvertiert sein	I'm more of a homebody.
7	Namensproblem	I'm not great with names, but I remember faces!
8	Kaffee-Date vorschlagen	Let's grab a coffee sometime!
9	Date beenden	I had a great time!
10	Rücksicht zeigen	Text me when you get home safe.
11	Tür aufhalten	Go ahead!
12	Locker entschuldigen	That's okay, no worries.
13	Unterbrechen	Sorry, I didn't mean to interrupt.
14	Shop-Situation	I'm just browsing, thanks.
15	Höflich fragen	Do you mind if I…?

16	Sprache erklären	Bear with me. I'm not a native speaker.
17	Wort vergessen	I totally blanked on the word.
18	Story abkürzen	Long story short...
19	Verständnis checken	You know what I mean?
20	Unsicherheit zugeben	I'm trying my best!

3-MINUTEN-STORY:
EIN GESPRÄCHSEINSTIEG, DER WIRKLICH FUNKTIONIERT

So baust du deine 3-Minuten-Story auf:

1. **Was ist passiert?**

   Ein Moment, der dich überrascht, verwirrt oder zum Lachen gebracht hat.

   → „Jemand hat mich mal auf meine glänzenden Schuhe angesprochen."

2. **Wie hast du reagiert?**

   Zeig ruhig deine Unsicherheit, Ironie oder dein inneres „WTF".

   → „Ich dachte, er verarscht mich. Es waren einfach meine halbwegs geputzten Docs."

3. **Was ist daraus entstanden?**

   Das Gespräch, die Verbindung, ein kleiner Moment von Echtheit.

   → „Plötzlich redeten wir über Parkettböden, und es war das tollste Gespräch des Abends."

Wichtiger als perfekt:

- Sprich lieber einfach als smart.
- Stell dir vor, du erzählst es einem guten Freund, nicht einem Personalchef.
- Und vor allem: Mach keine Story daraus, um gut dazustehen, sondern um echt dazustehen.

KURZTEST: WIE STARK IST DEIN EMOTIONALER SCHUTZSCHILD?

Kreuze bei jeder Aussage an, wie sehr sie auf dich zutrifft:

0 = trifft nicht zu | 1 = trifft teilweise zu | 2 = trifft vollständig zu

1. Ich merke oft erst Stunden später, wie sehr mich etwas getroffen hat.
    ☐ 0 ☐ 1 ☐ 2

2. Ich bleibe äußerlich ruhig, aber innerlich bin ich stark aufgewühlt..
    ☐ 0 ☐ 1 ☐ 2

3. Ich denke noch tagelang an unangenehme Gespräche zurück.
    ☐ 0 ☐ 1 ☐ 2

4. Ich brauche oft lange, um nach einem Konflikt wieder runterzukommen.
    ☐ 0 ☐ 1 ☐ 2

5. Ich reagiere manchmal impulsiv und bereue es direkt danach.
    ☐ 0 ☐ 1 ☐ 2

    Ich versuche, es allen recht zu machen, selbst wenn es mich stresst.
    ☐ 0 ☐ 1 ☐ 2

6. Ich fühle mich oft für die Gefühle anderer mitverantwortlich.
    ☐ 0 ☐ 1 ☐ 2

7. Ich tue mich schwer damit, Grenzen zu setzen, wenn jemand laut oder fordernd ist.
    ☐ 0 ☐ 1 ☐ 2

8. Ich versuche, negative Stimmung im Raum aktiv zu regulieren.
    ☐ 0 ☐ 1 ☐ 2

9. Ich nehme mir vor, gelassener zu bleiben und dann klappt's doch nicht.
    ☐ 0 ☐ 1 ☐ 2

10. Ich passe meine Meinung an, um Spannungen zu vermeiden.
    ☐ 0 ☐ 1 ☐ 2

11. Ich vermeide Gespräche oder Situationen, wenn ich Konflikte erwarte.
    ☐ 0 ☐ 1 ☐ 2

0–7 Punkte: Stabile Zone – Du hast einen soliden Schutzschild. Du lässt nicht alles an dich ran, ohne dabei kalt zu wirken. Top!

8–15 Punkte: Solide mit Rissen – Du weißt, was dich triggert, und arbeitest daran. Es gibt Tage, da bröckelt's, aber du bist auf dem Weg.

16–22 Punkte: Emotionale Brandgefahr – Dein Schutzschild könnte eine Aufrüstung vertragen. Das Gute: Du erkennst es und du liest das hier.

Kreuze an, was auf dich zutrifft:

☐ Ich bereite Gespräche im Kopf vor – inklusive der Reaktion meines Gegenübers.

☐ Ich kann schlecht schlafen, wenn ein Gespräch offen oder unangenehm endete.

☐ Ich habe schon mal eine E-Mail zehnmal umformuliert und nie abgeschickt.

☐ Ich entschuldige mich automatisch, auch wenn ich nicht weiß, warum.

☐ Ich grüble stundenlang über einen kurzen Kommentar („War das jetzt böse gemeint?").

☐ Ich reagiere oft schnell, weil's „raus muss" und ärgere mich dann.

☐ Ich habe schon mal in einer Diskussion Sätze gesagt, die ich im Nachhinein bereut habe.

☐ Ich finde es anstrengender, mich zurückzuhalten als emotional zu explodieren.

☐ Ich sage oft Ja, obwohl mein Bauch längst Nein schreit.

☐ Ich versuche, Diskussionen zu vermeiden, obwohl mir etwas wichtig wäre.

0–3 Kästchen: Du bleibst auch unter Druck stabil. Dein Nervensystem ist gut reguliert.
4–6 Kästchen: Du hast Potenzial zur Gelassenheit, aber dein inneres Drama-Team meldet sich noch schneller als dir lieb ist.
7–10 Kästchen: Ja, du brennst schnell. Aber hey, genau deshalb liest du das hier. Und genau das zeigt, dass du hinschaust.

Weil 'Chill mal' keine Strategie ist.

🔋 ATEMTECHNIKEN

Box Breathing (4–4–4–4-Methode)

Wird im Mentaltraining und u. a. im Militärbereich eingesetzt. Ideal, wenn du dich in einer Situation innerlich gehetzt fühlst.

- 4 Sekunden einatmen
- 4 Sekunden Luft anhalten
- 4 Sekunden ausatmen
- 4 Sekunden Pause

→ Dann wieder von vorne. Starte mit vier Runden und steigere dich bei Bedarf.

4-7-8-Methode

Perfekt zum Runterkommen am Abend oder wenn dein Hirn zu laut wird.

- 4 Sekunden einatmen
- 7 Sekunden Luft anhalten
- 8 Sekunden langsam ausatmen

→ Drei bis fünf Wiederholungen reichen. (Wenn du dabei einschläfst: Ziel erreicht.)

Verlängertes Ausatmen

Der Trick: Längeres Ausatmen aktiviert den parasympathischen Anteil deines Nervensystems und unterstützt die Regulation.

- Atme ein (zähle bis 4)
- Atme aus (zähle bis 6 oder 8)

→ Stell dir vor, du pustest eine Kerze aus, aber ohne die Flamme flackern zu lassen: sanft, gleichmäßig.

Summendes Atmen („Humming Bee Breath")

Wenn du richtig nervös bist, hilft Summen enorm. Sanfte Vibrationen können beruhigend auf dein Nervensystem wirken.

- Atme tief ein
- Beim Ausatmen leise summen („mmmhhh"), solange es angenehm ist

→ Funktioniert diskret, sogar auf der Toilette, wenn's sein muss.

3-Minuten-Atemraum

Eine Mini-Meditation für Zwischendurch.

- 1 Minute: Wahrnehmen, was jetzt da ist (Gedanken, Körpergefühle, Stimmung)
- 1 Minute: Auf die Atmung konzentrieren
- 1 Minute: Wahrnehmen, wie dein ganzer Körper atmet

Du musst nichts verändern, nur beobachten. Drei Minuten können reichen, um innerlich die Notbremse zu ziehen.

Der Ein-Satz-Reset

Manchmal reicht ein einziger Gedanke beim Atmen:

„Ich atme ein – ich komme an. Ich atme aus – ich lasse los."

Sag's innerlich beim Ein- und Ausatmen. Hilft besser als ein dritter Espresso.

🧘 BODY-SCAN IN LANGVERSION

Wenn dein Kopf keine Ruhe gibt, gib ihm eine Aufgabe: Scanne deinen Körper – von oben nach unten.

So geht's:

- Leg oder setz dich bequem hin.
- Richte deine Aufmerksamkeit nacheinander auf:
    - Stirn
    - Augenpartie
    - Kiefer
    - Nacken
    - Schultern
    - Arme und Hände
    - Brustkorb
    - Bauch
    - Rücken
    - Beine
    - Füße
- Bei jedem Bereich: Nur wahrnehmen, ob Spannung, Wärme, Kribbeln oder Entspannung da ist, ohne etwas verändern zu wollen.
- Atme in die Stellen hinein, die sich besonders angespannt anfühlen.

Extra: Stell dir vor, dein Atem fließt durch deinen Körper wie ein warmer Strom. (Keine Sorge, du musst dafür kein Erleuchteter sein.)

◑ FOKUS-ÜBUNGEN FÜR DEN ALLTAG

Bewusst Kaffeetrinken (oder Tee, oder Wasser)

- Taste die Tasse oder das Glas in deiner Hand.
- Rieche den Duft.
- Spüre die Temperatur des Gefäßes.
- Nimm den ersten Schluck bewusst wahr: Geschmack, Temperatur, Textur.
- Keine Bewertung, kein Multitasking, nur trinken.

Bewusster Spaziergang

- Gehe 5–10 Minuten raus, ohne Podcast, ohne Handy.
- Spüre bewusst den Boden unter deinen Füßen.
- Achte auf drei Dinge, die du siehst, drei Dinge, die du hörst und drei Dinge, die du riechst.
- Wenn Gedanken kommen, nimm sie wahr und komm wieder zu deinen Sinnen zurück.

Sinnes-Check im Alltag

- Wo immer du bist: Richte deine Aufmerksamkeit nacheinander auf:
  - Was sehe ich?
  - Was höre ich?
  - Was fühle ich (körperlich)?
  - Was rieche oder schmecke ich?
- Dauer: 1 Minute reicht.
- Extra-Witz: Mach's als Challenge in langweiligen Meetings. Niemand wird merken, dass du innerlich auf Safari bist.

✦ **Abschluss-Tipp:** Manchmal reicht ein einziger bewusster Atemzug oder eine kleine Sinneswahrnehmung, um nicht voll ins Drama abzurutschen. Keine Perfektion nötig, nur ein kurzer Stopp. Dein lernt daraus und wer öfter bewusst stoppt, reagiert seltener impulsiv.

Damit du's mir glaubst

Aaker, J. (2019). Harnessing the power of stories. *Stanford Graduate School of Business*. Abgerufen am 30. April 2025, von https://womensleadership.stanford.edu/node/796/harnessing-power-stories.

Ames, D. R. (2008). Assertiveness expectancies: How hard people push depends on the consequences they predict. *Journal of Personality and Social Psychology, 95*(1), 154–171. https://doi.org/10.1037/0022-3514.95.1.154

Antonakis, J., Fenley, M., & Liechti, S. (2011). Can Charisma Be Taught? Tests of Two Interventions. *Academy of Management Learning & Education, 10*(3), 374–396.

Aron, A., Melinat, E., Aron, E. N., Vallone, R. D., & Bator, R. J. (1997). The experimental generation of interpersonal closeness: A procedure and some preliminary findings. *Personality and Social Psychology Bulletin*, 23(4), 363–377. https://doi.org/10.1177/0146167297234003

Aronson, E., Willerman, B., & Floyd, J. (1966). The effect of a pratfall on increasing interpersonal attractiveness. *Psychonomic Science*, 4(6), 227–228. https://doi.org/10.3758/BF03342263

Bandura, A. (1977). Self-efficacy: Toward a unifying theory of behavioral change. *Psychological Review,* 84(2), 191–215.

Baumeister, R. F., & Leary, M. R. (1995). The need to belong: Desire for interpersonal attachments as a fundamental human motivation. *Psychological Bulletin*, 117(3), 497–529.

Baumeister, R. F., Hutton, D. G., & Tice, D. M. (1989). Cognitive processes during deliberate self-presentation: How self-presenters alter and misinterpret the behavior of their interaction partners. *Journal of Experimental Social Psychology, 25*(1), 59–78. https://doi.org/10.1016/0022-1031(89)90019-2

Bem, D. J. (1972). Self-perception theory. In L. Berkowitz (Ed.), *Advances in experimental social psychology* (Vol. 6, pp. 1–62). Academic Press.

Bialystok, E., Craik, F. I. M., & Luk, G. (2012). Cognitive control in bilinguals: Advantages and limitations. *Cognitive Science*, 36(4), 715–736. https://doi.org/10.1111/j.1551-6709.2012.01245.x

Brackett, M. A., Rivers, S. E., & Salovey, P. (2011). Emotional Intelligence: Implications for Personal, Social, Academic, and Workplace Success. *Social and Personality Psychology Compass*, 5(1), 88–103.

Bohns, V. K. (2016). (Mis)understanding our influence over others: Consequences for requests and compliance. *Current Directions in Psychological Science*, 25(2), 119–123. https://doi.org/10.1177/0963721415627481

Boothby, E. J., Cooney, G., Sandstrom, G. M., & Epley, N. (2018). The liking gap in conversations: Do people like us more than we think? *Psychological Science, 29*(11), 1742–1756. https://doi.org/10.1177/0956797618783714.

Brown, B. (2017). Braving the Wilderness: The Quest for True Belonging and the Courage to Stand Alone. *Random House.*

Burger, J. M. (1995). Individual differences in preference for solitude. *Journal of Research in Personality*, 29(1), 85–108.

Coplan, R. J., Hipson, W. E., Archbell, K. A., Ooi, L. L., Baldwin, D., & Bowker, J. C. (2021). Seeking more solitude: Conceptualization, assessment, and implications of loneliness. *Personality and Individual Differences*, 171, 110482.

Côté, S. (2014). Emotional Intelligence in Organizations. *Annual Review of Organizational Psychology and Organizational Behavior*, 1(1), 459–488.

Creswell, J. D., Welch, W. T., Taylor, S. E., Sherman, D. K., Gruenewald, T. L., & Mann, T. (2005). Affirmation of Personal Values Buffers Neuroendocrine and Psychological Stress Responses. *Psychological Science*, 16(11), 846–851.

Deci, E. L., & Ryan, R. M. (2000). The "what" and "why" of goal pursuits: Human needs and the self-determination of behavior. *Psychological Inquiry*, 11(4), 227–268.

Deci, E. L., & Ryan, R. M. (1985). Intrinsic Motivation and Self-Determination in Human Behavior. New York: Plenum.

Deutschlandfunk Nova. (2021, 12. Juli). Introvertiert sein – eine unterschätzte Eigenschaft. Abgerufen am 30. April 2025, von https://www.deutschlandfunknova.de/beitrag/introvertiert-sein-eine-unterschaetzte-eigenschaft

EF Education First. (2019). *EF English Proficiency Index* https://www.ef.com/wwen/epi/

Eisenberger, N. I., & Lieberman, M. D. (2004). Why rejection hurts: A common neural alarm system for physical and social pain. *Psychological Science*, 15(5), 294–298.

Eisenberger, N. I., Lieberman, M. D., & Williams, K. D. (2003). Does rejection hurt? An fMRI study of social exclusion. *Science*, 302(5643), 290–292.

Epley, N., & Schroeder, J. (2014). Mistakenly seeking solitude. *Journal of Experimental Psychology: General*, 143(5), 1980–1999. https://doi.org/10.1037/a0037323

Festinger, L. (1954). A Theory of Social Comparison Processes. *Human Relations*, 7(2), 117–140.

Fiske, S. T., Cuddy, A. J. C., Glick, P., & Xu, J. (2002). A model of (often mixed) stereotype content: Competence and warmth respectively follow from perceived status and competition. Journal of Personality and Social Psychology, 82(6), 878–902. https://doi.org/10.1037/0022-3514.82.6.878

Flynn, F. J., & Ames, D. R. (2006). What's good for the goose may not be good for the gander: The benefits of self-monitoring for men and women in task groups and dyadic conflicts. *Journal of Applied Psychology*, 91(2), 272–281. https://doi.org/10.1037/0021-9010.91.2.272

Foa, E. B., & Kozak, M. J. (1986). Emotional processing of fear: Exposure to corrective information. *Psychological Bulletin*, 99(1), 20–35.

Frankl, V. E. (1985). *Man's Search for Meaning.* Boston: Beacon Press.

Galinsky, A. D., Gruenfeld, D. H., & Magee, J. C. (2003). From power to action. *Journal of Personality and Social Psychology, 85*(3), 453–466. https://doi.org/10.1037/0022-3514.85.3.453

Gilbert, P. (1998). What is shame? Some core issues and controversies. In P. Gilbert & B. Andrews (Eds.), *Shame: Interpersonal Behavior, Psychopathology, and Culture* (pp. 3–38). New York: Oxford University Press.

Gilovich, T., Medvec, V. H., & Savitsky, K. (2000). The Spotlight Effect in Social Judgment: An Egocentric Bias in Estimates of the Salience of One's Own Actions and Appearance. *Journal of Personality and Social Psychology, 78*(2), 211–222.

Gneezy, U., Gneezy, A., Riener, G., & Nelson, L. D. (2012). Pay-what-you-want, identity, and self-signaling in markets. *Journal of Economic Behavior & Organization, 84*(1), 133–142.

Gross, J. J. (1998). The Emerging Field of Emotion Regulation: An Integrative Review. *Review of General Psychology, 2*(3), 271–299.

Gross, J. J. (2014). Emotion Regulation: Conceptual and Practical Issues. In J. J. Gross (Ed.), *Handbook of Emotion Regulation* (2nd ed., pp. 3–20). New York: Guilford Press.

Hanulíková, A., Van Alphen, P. M., Van Goch, M. M., & Weber, A. (2012). When one person's mistake is another's standard usage: The effect of foreign accent on syntactic processing. *Journal of Cognitive Neuroscience*, 24(4), 878–887. https://doi.org/10.1162/jocn_a_00103

Horwitz, E. K., Horwitz, M. B., & Cope, J. (1986). Foreign language classroom anxiety. *The Modern Language Journal*, 70(2), 125–132. https://doi.org/10.1111/j.1540-4781.1986.tb05256.x

Hostinar, C. E., Sullivan, R. M., & Gunnar, M. R. (2014). Psychobiological mechanisms underlying social buffering of the stress response. *Current Directions in Psychological Science*, 23(3), 225–232.

Itzchakov, G., & Kluger, A. N. (2018). The power of listening in helping people change. *Harvard Business Review*. https://hbr.org/2018/07/the-power-of-listening-in-helping-people-change

Keysar, B., Hayakawa, S. L., & An, S. G. (2012). The foreign-language effect: Thinking in a foreign tongue reduces decision biases. *Psychological Science*, 23(6), 661–668. https://doi.org/10.1177/0956797611432178

Kross, E., & Ayduk, Ö. (2017). Emotion regulation: Implications for affect, relationships, and well-being. *Emotion*, 17(1), 8–14.

Leary, M. R. (2007). Motivational and emotional aspects of the self. *Annual Review of Psychology*, 58, 317–344.

Lev-Ari, S., & Keysar, B. (2010). Why don't we believe non-native speakers? The influence of accent on credibility. *Journal of Experimental Social Psychology*, 46(6), 1093–1096. https://doi.org/10.1016/j.jesp.2010.05.025

Lieberman, M. D., Eisenberger, N. I., et al. (2007). Putting Feelings into Words: Affect Labeling Disrupts Amygdala Activity in Response to Affective Stimuli. *Psychological Science,* 18(5), 421–428.

Lieberman, M. D. (2013). Social: Why our brains are wired to connect.
Crown Publishers.

Lippi-Green, R. (2012). *English with an Accent: Language, Ideology and Discrimination in the United States.* Routledge. https://doi.org/10.4324/9780203348802

Long, C. R., & Averill, J. R. (2003). Solitude: An exploration of benefits of being alone. *Journal for the Theory of Social Behaviour,* 33(1), 21–44.

McAndrew, F. T. (2020). Why small talk is a big deal. *Psychology Today.* https://www.psychologytoday.com/us/blog/out-the-ooze/202001/why-small-talk-is-big-deal

McGraw, P., & Warren, C. (2010). Benign Violations: Making Immoral Behavior Funny. *Psychological Science,* 21(8), 1141–1149.

Mikulincer, M., & Shaver, P. R. (2007). *Attachment in Adulthood: Structure, Dynamics, and Change.* New York: Guilford Press.

Niedenthal, P. M. (2007). Embodying emotion. *Science,* 316(5827), 1002–1005.

Oppenheimer, D. M. (2006). Consequences of erudite vernacular utilized irrespective of necessity: Problems with using long words needlessly. *Applied Cognitive Psychology,* 20(2), 139–156. https://doi.org/10.1002/acp.1178

Porges, S. W. (2011). The Polyvagal Theory: Neurophysiological Foundations of Emotions, Attachment, Communication, and Self-regulation. New York: W. W. Norton & Company.

Salovey, P., & Mayer, J. D. (1990). Emotional Intelligence. *Imagination, Cognition and Personality,* 9(3), 185–211.

Samson, A. C., & Gross, J. J. (2012). Humour as emotion regulation: The differential consequences of negative versus positive humour. *Cognition and Emotion,* 26(2), 375–384.

Sandstrom, G. M., & Dunn, E. W. (2014). Is efficiency overrated? Minimal social interactions lead to belonging and positive affect. *Social Psychological and Personality Science,* 5(4), 437–442. https://doi.org/10.1177/1948550613502990

Sandstrom, G. M., & Dunn, E. W. (2014). Social interactions and well-being: The surprising power of weak ties. *Personality and Social Psychology Bulletin,* 40(7), 910–922. https://doi.org/10.1177/0146167214529799

Schoonbaert, S., & Hartsuiker, R. J. (2007). Syntactic priming in Dutch–English bilinguals: Evidence for shared syntactic representations in bilinguals. *Journal of Memory and Language,* 56(2), 153–171. https://doi.org/10.1016/j.jml.2006.10.002

Spencer-Oatey, H. (2000). Culturally speaking: Managing rapport through talk across cultures. *Continuum.*

Stanford Graduate School of Business / Heath, C. (2007). Made to Stick: Why Some Ideas Survive and Others Die.

Strack, F., Martin, L. L., & Stepper, S. (1988). Inhibiting and facilitating conditions of the human smile: A nonobtrusive test of the facial feedback hypothesis. *Journal of Personality and Social Psychology*, 54(5), 768–777.

Stylist Magazine. (2023). *Why small talk makes so many people anxious at work.* https://www.stylist.co.uk/life/careers/small-talk-fear-anxiety-work/965583

Preply. (2022). *Small talk survey: Why people hate it – and how to get better at it.* https://preply.com/en/blog/small-talk/

Tepper, B. J. (2000). Consequences of Abusive Supervision. *Academy of Management Journal,* 43(2), 178–190.

Thomas, M., & Azmitia, M. (2019). Motivation Matters: Development of a Short-Term Longitudinal Measure of Motivation for Solitude During Adolescence. *Journal of Adolescence*, 70, 33–42.

University of Southern California (2021). Listening is associated with perceptions of greater competence, warmth, and attractiveness.

van der Kolk, B. (2014). The Body Keeps the Score: Brain, Mind, and Body in the Healing of Trauma. New York: Viking.

Wood, J. V., Perunovic, W. Q. E., & Lee, J. W. (2009). Positive self-statements: Power for some, peril for others. *Psychological Science*, 20(7), 860–866. https://doi.org/10.1111/j.1467-9280.2009.02370.x

Wright, T. A., & Cropanzano, R. (2010). Emotional exhaustion as a predictor of job performance and voluntary turnover. *Journal of Occupational Health Psychology,* 15(1), 57–68.

Zelenski, J. M., Santoro, M. S., & Whelan, D. C. (2012). Would introverts be better off if they acted more like extraverts? Exploring emotional, cognitive, and motivational consequences of acting out of character. *Emotion, 12*(2), 290–303. https://doi.org/10.1037/a0025169

Sofia Hassiotaki – große Klappe, viel dahinter.

Sie ist Hobby-Provokateurin, Restaurantkind und Autorin aus Selbstschutz, weil sie sonst zu viel denkt. Als IT-Consultant mit Kommunikationshintergrund weiß sie, wie man souverän wirkt, auch wenn man innerlich gerade stirbt. Ihre Texte handeln von Cringe, Charisma und dem Mut, echt zu bleiben, selbst wenn der ganze Raum dich seltsam findet. Sie mag das Unperfekte und das Seltsame – vor allem, wenn es auftritt.

„Charisma für Seltsame" ist ihr erstes Buch. Entstanden ist es, weil sie wissen wollte, ob sie's kann und was passiert, wenn man's einfach macht.

Wenn du sie stalken willst (freundlich, nicht creepy):

wtflife.substack.com
sofiahassiotaki.carrd.co
@philosofin auf Instagram

Oder einfach heimlich in der U-Bahn neben ihr lesen.